身边经济学

看透万物的极简思维

岑嵘 著

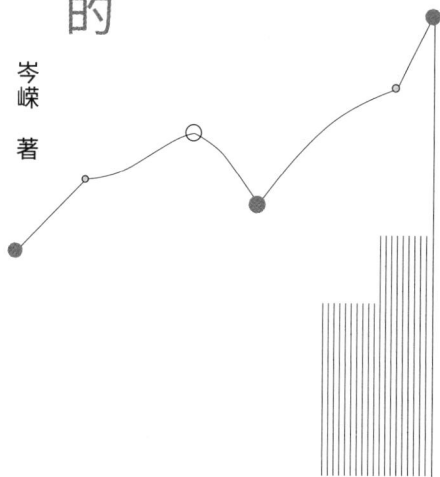

中国发展出版社
CHINA DEVELOPMENT PRESS

图书在版编目（CIP）数据

身边经济学：看透万物的极简思维 / 岑嵘著.

北京：中国发展出版社，2025. 7. -- ISBN 978-7-5177-1488-0

Ⅰ. F0-49

中国国家版本馆CIP数据核字第20254EK987号

书　　　名：	身边经济学：看透万物的极简思维
著作责任者：	岑　嵘
责 任 编 辑：	沈海霞
出 版 发 行：	中国发展出版社
联 系 地 址：	北京经济技术开发区荣华中路22号亦城财富中心1号楼8层（100176）
标 准 书 号：	ISBN 978-7-5177-1488-0
经 销 者：	各地新华书店
印 刷 者：	北京博海升彩色印刷有限公司
开　　　本：	880mm×1230mm　1/32
印　　　张：	7.125
字　　　数：	170千字
版　　　次：	2025年7月第1版
印　　　次：	2025年7月第1次印刷
定　　　价：	58.00元

联 系 电 话：（010）68360970　68990535
购 书 热 线：（010）68990682　68990686
网 络 订 购：http://zgfzcbs. tmall. com
网 购 电 话：（010）88333349　68990639
本 社 网 址：http://www.develpress. com
电 子 邮 件：841954296@qq.com

序 言 PREFACE

经济学的魔力

1992 年，与老布什竞选美国总统时，比尔·克林顿提出一句非常著名的竞选口号："笨蛋，问题在于经济。"这句竞选口号对于克林顿最后成功当选总统功不可没。克林顿说的没错，问题在于经济。纵观重大历史事件，说到底都离不开经济问题。翻开近现代史，从英国向中国倾销鸦片、列强用枪炮打开中国国门，到两次世界大战、布雷顿森林体系的建立和瓦解、美元霸权的形成，再到美苏争霸和冷战的格局，以及当前的俄乌冲突、巴以冲突、红海航道危机等，其背后都和经济密切相关。

今天我们看到的纷繁复杂的国际问题和事件，从美国的"脱钩断链"，到全球气候问题、人工智能领域的竞争，再到欧盟的成立和欧元的流通、金砖国家合作机制的建立、中国提出共建"一带一路"倡议，这些同样都是经济合作和竞争的具体表现。

中华文明源远流长，经济学一直存在于中国社会发展之中。管仲是春秋时期齐国著名的政治家、经济学家。齐桓公想征服鲁国，便向管仲问计。管仲认为用不着发兵，他自有办法。

鲁国的丝绸（鲁缟）很有名。管仲的方法就是：让齐桓公下令，无论齐国的官员还是贵族，都必须穿鲁缟，并且齐桓公要身体力行。

此令一出，鲁国的丝绸卖到脱销，鲁缟供不应求且价格飞涨。鲁国人自然不会放过这赚钱的大好机会，家家户户生产丝绸，甚至放弃了农业生产。不久，管仲看见时机成熟，再次让齐桓公下令，禁止齐国的百姓购买鲁国的丝绸。

这样一来，鲁国的商人们都傻了眼，一边是大量积压的丝绸无法售出，一边是粮食短缺。他们不得不高价购入齐国的粮食，这样一来一回，鲁国的经济很快就崩溃了。最终，鲁国支撑不下去了，只好向齐国臣服。

管仲用经济手段打败了鲁国。

此外，还有一个故事。公元前246年，韩桓王想出了一条妙计。他以著名的水利工程人员郑国为间谍，派其入秦，游说秦国在泾水和洛水间，开凿一条大型灌溉水渠。韩国表面上帮助秦国发展农业，但真实目的是要消耗秦国国力，这条计策也称"疲秦计"。

秦王嬴政本来就想发展水利，很快就采纳了这一诱人的建议，并立即征集大量的人力和物力，任命郑国主持兴建这一工程。在施工过程中，韩国"疲秦"的阴谋败露，秦王大怒，要杀郑国。郑国说："始臣为间，然渠成亦秦之利也。"

秦王是位很有远见的政治家，认为郑国说得很有道理，便继续修建水渠。经过十多年的努力，水渠完工。自此，"关中为沃野，无凶年，秦以富强，卒并诸侯"。"疲秦计"壮大了秦国，最终秦吞并了六国。

不懂经济的韩桓王断送在自己的"妙计"之中。

"经济"（economy）这个词语来自希腊语"oikonomos"，它的意思是"管理一个家庭的人"。19 世纪的经济学家阿尔弗雷德·马歇认为，经济学是研究人类一般生活事务的学问。简单的日常生活也离不开经济学。

经济学大到可以决定一个国家的存亡，小到可以让我们决定下午看电影还是去图书馆学习。

这就是经济学的魔力。

美国经济学家罗伯特·弗兰克曾说："每当在社交场合，人们问起我的职业，我回答自己是经济学家时，他们总会有点失望。我不禁追问为什么。不少人会提起他们多年前上过的经济学概论课，'全都是那些可怕的图表'。"

事实上，这是对经济学的误解。经济学并不是高深的理论和复杂的方程式，它让我们理解是什么影响着人们的行为，并通过发现这一点让世界变得更美好。

经济学是一门非常有趣，也很实用的科学。通过阅读本书，你可以在《红楼梦》和《水浒传》中、在莎士比亚的戏剧中、在漫威和 DC 公司的电影中、在简·奥斯汀和狄更斯的小说中、在《哈利·波特》和《绿野仙踪》的魔幻故事中，尽情领略经济学的趣味。

经济学正在经历一个探索的黄金时代，美国经济学家罗伯特·J.巴罗说："我认为任何社会行为，包括爱情、犯罪都受经济思维的支配。"哈佛大学原校长劳伦斯·萨默斯更是直截了当地说："毫不夸张地讲，除了厨房的洗碗池，经济学家已经研究了一切事物。"

一个人家庭、婚姻、事业成功的前提，就是要懂得在这个充满稀缺性的世界里，该如何有效利用资源，做出正确选择。因此，只有通过更多的经济学思考和学习，我们才能看清楚问题的本质，做出更理性的判断和决策。

通过更多的思考和学习，我们也可以像经济学家一样看问题。

目 录

第四章 消 费

第五章 市 场

第八章　博　弈

第九章　信　息

第十章　工　资

第十三章　危　机

第十四章　增　长

第十五章　魔　咒

第一章

经济学的十大原理

■ 原理一：为什么说"天下没有免费的午餐"——人们会面临权衡与取舍

在英国维多利亚时代，有个当铺商人名叫杰贝兹·威尔逊，他长着一头红发。有一天，当铺的伙计文森特给他带来了一个很特别的消息，他说有一个机构叫作"红发会"。它是依照美国一名红头发的百万富翁的遗嘱设立的，用遗产的利息给红头发的男子提供舒适的差事。一个人只要入选"红发会"，就可以干很少的工作，且每年能拿到二百英镑的津贴，这笔钱相当于普通人好多年的薪水。

威尔逊如愿申请进了"红发会"，终于可以躺着数钱了。

现在我们来说说经济学的第一原理：人们会面临权衡与取舍。

美国经济学家曼昆说："我们为了得到喜爱的一样东西，通常不得不放弃另一样我们喜爱的东西，做出决策就是要求我们在一个目标和另一个目标之间权衡、取舍。"

关于如何做出决策，用诺贝尔经济学奖得主米尔顿·弗里德曼的一句话来说就是"天下没有免费的午餐"。这句话也是经济学的精髓。

一个人每天打游戏、刷朋友圈，好像没花一分钱，而实际上他花费了宝贵的时间。这些时间，他原本可以用来学习和健身。老年人参加了"零团费"的旅游活动，看似不用花一分钱，而最后他们花了大价钱买回来一堆"土特产"。

免费的东西常常是最昂贵的，就像俄罗斯的谚语所说："免费的奶酪只存在于捕鼠器上。"

回到开头那个故事，那个当铺商人为什么会遇到"天上掉馅饼"的好事呢？之所以有人愿意让红头发的威尔逊轻松就能拿到高薪，是因为犯罪分子伙同文森特想支开威尔逊，以便从他的当铺挖一条通往银行金库的地道来进行盗窃。这就是《福尔摩斯探案集》中《红发会》的故事。

■ 原理二：教授为什么不去拿免费的冰激凌——某种东西的成本是为了得到它所放弃的东西

有一个经济学教授，他所在的大学举办了一场广场聚会。当他路过此处时，学生好心地提醒他，某个展台提供免费的冰激凌。教授有点儿心动，谁不喜欢冰激凌啊，尤其是免费的。

当教授来到提供冰激凌的展台前，他发现至少有 20 个人在排队，并且队伍移动的速度非常慢。教授马上意识到，虽然这里的冰激凌表面上看是免费的，但是得到冰激凌的机会成本，也就是排队所花费的时间是非常多的。他认为时间成本太高了，因此放弃了排队。

假设领一个冰激凌需要花费 30 分钟，那么对一个经济学教授来说，这 30 分钟本来可以进行一次小型讲座，或者更深入地研究某个问题，这些收益远远大于一个冰激凌。

这里我们要记住一个重要的经济学概念——机会成本。你周末下午选择了看电影，就意味着放弃这个时候打篮球，打篮球就是你看电影的机会成本。

蝙蝠侠擅长做很多事情，如果他去追捕小丑，那么他就没有时间研制小丑笑气的解毒剂；如果他试图解答谜语人出的谜题，那么他就要放弃阻止企鹅人进行非法活动。

某种东西的成本等同于为了得到它所放弃的东西，这就是经济学的原理二。它既是对"机会成本"的描述，也是对原理一的进一步阐述。

如果一个程序员准备花两个小时直播，预期赚 1000 元，那么他必须考虑原本花两小时写程序能赚多少钱，这就是他直播的机会成本。如果一个大厨自己开饭店，那么他在其他饭店当大厨的收入就是他开店的机会成本。

有了这种观念，我们才能够更好地做出决策。

■ 原理三：为什么星巴克超大杯咖啡最实惠——理性人考虑边际量

我常常带女儿去一家比萨餐厅，我喜欢喝这家店的冰红茶。冰红茶每杯 20 元，如果我喝完要续第二杯的话，只要花费 10 元。

完全相同的冰红茶，为什么第一杯要 20 元，第二杯只要 10 元呢？

一杯冰红茶，如果算上各种成本，比如这家店的房租、装修、机器设备、水电、人工、广告，甚至这个品牌比萨餐厅的加盟费用等，平均下来每杯冰红茶可能要 15 元，为什么第二杯店家愿意仅仅 10 元钱就卖给你，这样不是亏了 5 元吗？

在经济学中，有一个重要的概念，叫作"边际"，我们可以将其理解为"微小的增量"。所谓"边际变动"指的是一个微小的增量带来的变化。

在上面的案例中，我们要考虑"边际成本"。边际成本是指每一单位新生产的商品的成本，通常边际成本会低于平均成本，因为平均成本包括固定成本。

那么比萨店新生产一杯冰红茶的成本是多少？很可能不到 1 元钱。商家从顾客的第二杯中获得的收益，也就是"边际收益"甚至超过 9 元钱。因此，商家会鼓励顾客再消费一杯。

商家还会通过一些销售策略达到"边际收益"最大化。例如，在星巴克买超大杯咖啡是最实惠的，星巴克的中杯美式咖啡（355mL）为 27 元，大杯（473mL）为 30 元，超大杯（592mL）为 33 元。与中杯相比，多花 6 元就能多获得 237mL 的咖啡，这就是边际成本在起作用。

　　商家选择的策略就是我们要讲的经济学原理三：理性人考虑边际量。

　　理性人通常通过边际收益和边际成本来决策。这就是司机乐意乘客拼车的原因。

　　当我们开始用"边际"这个概念考虑问题时，说明我们已经开始像经济学家一样考虑问题了。

原理四：成功率百分之百的戒烟公司——人们会对激励做出反应

　　美国作家斯蒂芬·金写过一篇名为《戒烟公司》的小说，主人公迪克·莫里森是个老烟枪。有一次他偶遇大学同学吉米，吉米曾经也是个老烟枪，但是看上去很健康，而且还成了一家大公司的副总裁。

吉米告诉迪克，他已经把烟给戒了，并且还向迪克推荐了这家让自己成功戒烟的公司。于是迪克前去考察，结果发现该公司是一个黑帮老大创办的，吸烟的不良习惯导致这个黑帮老大在和肺癌抗争过程中失败，他这才决心创办这家戒烟公司。

与迪克会面的戒烟公司顾问保证，在完成他们的治疗程序后，迪克百分之百不会再吸烟。戒烟公司的方法之所以能如此有效，是因为那些被逮到复吸的人会面临可怕的惩罚：如果迪克在戒烟过程中复吸，那么其家庭成员将遭到可怕的折磨。当迪克第10次屈服于香烟的诱惑时，戒烟公司会派杀手杀了他，从而保证他再也不会吸烟了……

面对如此可怕的条款，迪克想退出，可是已经来不及了，戒烟程序已经启动了。在迪克面前只有两条路：要么被杀，要么成功戒烟。

面对如此可怕的激励，无论哪个老烟枪都会乖乖地把烟戒了。这就是原理四：人们会对激励做出反应。

激励是引起一个人做出某种行为的某种机制（包括惩罚和奖励）。在市场经济中，激励是至关重要的。

■ 原理五："獾"是如何让英国人避免饥荒的——贸易能使每个人的状况变得更好

在中世纪的英格兰，商人在购买粮食之后进行倒卖，从理论上说这种行为是合法的。不过这个行业在民众心目中地位甚低，人们把以此谋生的人戏称为"獾"。

当时的法律对该行业也极其严苛，比如任何交易不得早于上午九点开始，交易时间只有两小时，交易量不得超过两蒲式耳（1蒲式耳约为36升）。1275年的一条法令规定：……翻山越海，先人一步，抢断粮食及其他货品，将其运至其他地区贩卖，以此手段低价抢断、高价贩卖者为全民及国家公敌，即日起不得踏入任何镇区。

经济学家曾经对英格兰各地的粮价进行研究，发现了一个不可思议的现象，即中世纪英格兰全国的粮价非常稳定。按理说，假如风暴肆虐约克郡，其粮价必定会大涨，而事实并非如此，约克郡的粮价和其他地方会非常接近。这种现象正是那些被人看不起的"獾"造成的，他们将从某一市场购得的粮食贩卖到另一市场，结果使各地的粮食价格越来越接近。

直到 18 世纪，欧洲大陆其他地区还经常因天灾饱受饥荒之苦，而饥荒却已远离英格兰人长达几个世纪。在英格兰，农业上只要出现歉收，粮食就会经由"獾"们之手从其他地方源源不断输送过来。

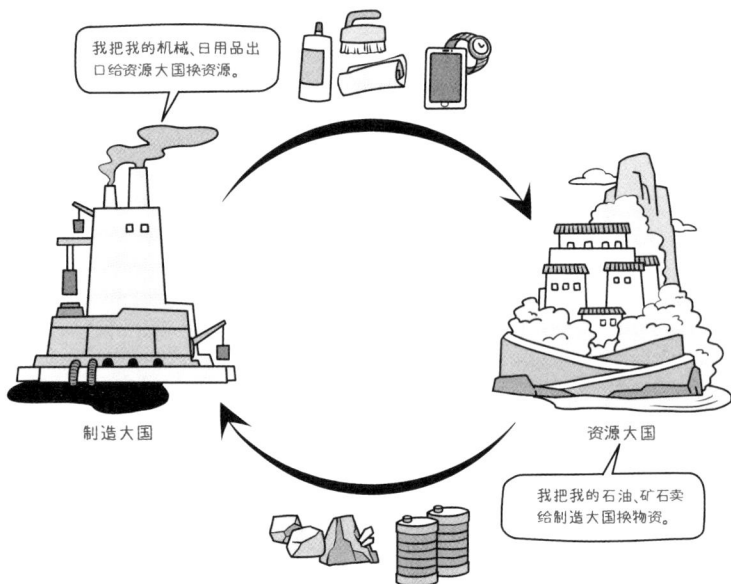

这就是原理五：贸易能使每个人的状况变得更好。

织娘出售布匹换取粮食，铁匠出售农具换取鱼肉，每个人都在交换中受益，彼此隔绝起来并不能使人们过得更好。国家也同样如此，资源大国向制造大国出售石油、矿石等，制造大国出口机械、日用品等来换取资源，贸易使每个国家都能发挥自己的优势，闭关锁国只能使国家越来越穷。

■ 原理六：什么是"看不见的手"——市场通常是组织经济活动的好方法

南方的夏天异常闷热，所有人都会躲进空调房。尤其是正午，你在路上几乎看不到行人。不过有一群人是例外，那就是外卖小哥。

他们顶着烈日，挥汗如雨，把电瓶车开得飞快，最后到了居民小区，一路小跑把你点的食物送到你的手上，生怕食物凉了或者你饿了。你穿着睡衣，足不出户就可以品尝美食，这种感觉十分美妙。

那么外卖小哥为什么愿意如此为你服务，是你长得好看，还是你对他们曾有过救命之恩？

答案是"市场经济"。市场经济是指许多企业和家庭在物品与劳务市场上互相交易，通过它们的分散决策配置资源的经济。

英国经济学家亚当·斯密在他的著作《国富论》中指出：人类几乎随时随地都需要同胞的协助，要想仅仅依赖他人的恩惠，那是绝对不行的……我们每天所需要的食物和饮料，不是出自屠夫、酿酒师或面包师的恩惠，而是出自他们利己的打算。

外卖小哥并不关心你的一日三餐，也不是出于报恩。他们知道，只有自己努力工作，接更多的外卖订单，每一单都准时送达，才能使自己和家人生活得更好。

亚当·斯密还说："每一个人……他所盘算的也只是他自己的利益……他受一只看不见的手的引导，会去尽力达到一个并非他本意想要达到的目的。他追求自己的利益，往往使他比在他真正出于本意的情况下，更有效地促进社会的利益。"

"看不见的手"在市场经济中展示着它的魔力，指引着人们该生产什么商品，提供什么样的服务，以什么样的价格销售……

市场通常是组织经济活动的好方法，这就是那只"看不见的手"。如果你提供的不是市场需要的商品，不是人们认可的价格和服务，那么你就会被市场无情地淘汰。

原理七:"蒜你狠""姜你军"为什么会发生——政府有时可以改善市场结果

2016 年,国内大蒜价格走高,有些地方 1 公斤大蒜的批发价甚至在 20 元以上,以至于报纸上经常出现一个词语——"蒜你狠"。"蒜你狠"是曾在中国流行的一句时髦用语。它源于大蒜价格疯涨,大蒜价格超过肉和鸡蛋的现象。

2016 年,蒜农喜笑颜开。当时,菜市场上卖大蒜的商家有的甚至不是论斤称的,而是论头卖的,一头大蒜要卖 2 块钱。有笑的时候就有哭的时候,2016 年后的两年间大蒜价格持续下跌。2018 年,又出现一个词语"蒜你惨",1 公斤新蒜的价格跌到了 2 块多,有些地方甚至只有几毛钱 1 斤,丰产不丰收,造成"谷贱伤农"的情况。

这种现象不只出现在大蒜这种农产品上,价格暴涨还发生在绿豆("豆你玩")、生姜("姜你军")等农产品上。

我们在前面提到，市场由"看不见的手"来调控，那为什么还会出现农产品价格暴涨暴跌的现象呢？

这里我们就必须了解"市场失灵"这个概念，市场失灵是指市场本身不能有效配置资源的情况。"蒜你狠""豆你玩""姜你军"究竟是怎么发生的？

当时国内农产品市场需求量日趋增加，而出口量仍持续增加，这就造成了供需矛盾。这种矛盾原本可以由市场机制来调节，但市场上有大量游资看准这个机会，一边囤积这些农产品，一边炒高这些农产品的价格，因而这些农产品的市场价格才会暴涨。

这个时候，就必须由政府出面来改善市场结果，这就是经济学原理七的核心内容。

政府打击非法囤积农产品，同时引导农户科学合理种植，这样既维护了市场的效率和公平，也保护了农户的权益。

■ 原理八：千元"梦特娇"大卖是真的吗——一国人民的生活水平取决于其生产物品和提供劳务的能力

看过电视剧《繁花》的读者应该知道，电视剧中 20 世纪 90 年代我国的消费水平让人惊讶。当时一件不怕用打火机烧的"梦特娇"T 恤衫售价 1000 元左右，并且卖得很好。于是，男主角宝总推出国产替代品"三羊牌"T 恤。"三羊牌"T 恤虽然售价一两百元，但同样也遭到疯抢。

另外，《繁花》中人们在黄河路的酒店消费也不低，比如菜单上出现了"椒盐大王蛇""怀石料理"等菜品。保龄球也开始在那个时代流行，宝总还替汪小姐买了一辆凯迪拉克汽车。要知道，这可是在 20 世纪 90 年代，这是真实发生的事情吗？

电视剧并非虚构，千元的"梦特娇"的确曾在全国大卖。如果你的父母年轻时比较时髦，也许你去翻箱倒柜，还能找到他们 30 年前买的胸前有朵小花的"梦特娇"T 恤。

20 世纪 90 年代，中国人的生活发生翻天覆地的变化。我们今天习以为常的家用电器，如彩电、冰箱、电话机、空调等，都是从那个年代开始大规模进入千家万户的。那为什么中国人的生活在这个时期发生如此大的变化呢？

这里我们就要讲到原理八：一国人民的生活水平取决于其生产物品和提供劳务的能力。生产率是生活水平的首要决定因素。

20世纪90年代是中国从计划经济向市场经济转轨的关键时期，1990年，沪深证交所成立。1992年，邓小平发表南方谈话，进一步促进了生产力的解放。大量的民营企业诞生，外资企业也纷纷涌入，工人的生产率大大提高。

这个时期，中国经济开始腾飞，老百姓的收入水平和消费能力大幅提升。

原理九：歹徒为什么看不上整车的钱——当政府发行过多货币时，物价会上升

1923年的一天，有个德国人推着一辆装满钱的小推车走在街上。那天他很不幸，遇到了歹徒打劫。凶恶的歹徒抢走了他的小

推车，却丢下整车的钱。没错，歹徒只要推车不要钱。

1923 年德国发生了恶性通货膨胀，钱很多。

一个男人去咖啡馆喝咖啡，他点了一杯咖啡，价格是 5000 马克。喝完后他要了第二杯，当他看账单时，发现第二杯的价格已经涨到了 9000 马克，他心想早知一开始要两杯就好了。一名德国律师在 1903 年购买了一份保险，在其后的 20 年里，他都按时交费，一次也没落下。1923 年保险到期，他把保单兑现，换来的钱刚好能购买一块面包。

奥地利作家斯蒂芬·茨威格曾经亲身经历这场席卷德国的恶性通货膨胀。他给出版商寄了一部他写了一年的手稿，为了不

出意外，他要求出版商立刻预付 1 万册的稿酬。支票汇到时的金额，还不够 1 星期前寄稿件的邮费。他还在排水沟里见到面值 10 万马克的钞票，那是一个乞丐看不上而扔掉的。一个鸡蛋的价钱相当于过去一辆豪华的汽车。

为什么会发生这些怪现象，这就是我们要讲的原理九：当政府发行过多货币时，物价就会上升。

在金本位时代，货币与黄金挂钩，有多少黄金，就能发行多少对应比例的货币。社会发展速度较快，黄金开采速度跟不上，金本位制无法满足社会经济活动对货币流动性的需求，因而进入信用货币时代。

货币其实只是商品交易的媒介，本身没有什么价值。货币一旦印多了，必然带来货币相对价值的下降，于是通货膨胀就产生了，也就是老百姓常说的"钱变毛了"（钱越来越不值钱）。

当货币严重超发时，比如 1923 年德国的情况，就被称为"恶性通胀"，物价像坐上火箭一样地上涨。当下，津巴布韦央行发行的 100 亿元面值货币，大家猜猜要花多少钱才能买到？答案是人民币十几块钱。

■ 原理十：美联储会在什么时候降息——社会面临通货膨胀与失业之间的短期权衡与取舍

如果我们关注国际经济新闻，就要留意美国联邦储备系统（美联储）的货币政策，美国是加息还是降息，这关系到全球经济的走向。

美联储加息或降息，其中的原因有很多，有一条是非常重要的，就是看美国统计报告公布的"新增非农就业人数"，这个数据反映了美国的就业率。一旦就业率低于预期，那么就有很大的概率下调利率，开启货币政策的宽松周期。

对这句话简单的理解就是：要提高就业率，就要适当多印钞票。

英国经济学家菲利普斯针对 1861 年至 1957 年的英国失业率和薪酬水平进行了研究，发现了两者呈负相关的关系。也就是说，失业的人越多，薪水就越低。两年之后，另两位经济学家保罗·萨缪尔森和罗伯特·梭罗进一步调查了失业率和通货膨胀率的关系，发现两者也呈现负相关关系：通货膨胀率高时，失业率低；通货膨胀率低时，失业率高。用来表示通货膨胀率和失业率之间相互关系的曲线被称为"菲利普斯曲线"。

一般来说，如果国家实行"适度宽松的货币政策"（温和的通胀），老百姓觉得存钱利率太低，就会愿意消费，商品就会变得好卖，而商人能够用较低的利率贷到款，愿意扩大再生产，于是招收更多的工人，这样就业率就提高了。

不过失业率和通货膨胀的关系也很复杂，对于一些问题，经济学家仍然有争议，例如诺贝尔经济学奖获得者米尔顿·弗里德曼就否定了菲利普斯曲线，但大多数经济学家都承认，社会面临通货膨胀与失业之间的短期权衡与取舍，这就是我们讲的经济学原理十。

第二章

价　格

■ 价格歧视：商家为什么要发优惠券

去饭店吃饭，你有时会看到一些人掏出几张优惠券。使用这些优惠券进行消费，价格会低很多。还有一些网站，常常在某个时间段限量发放一些折扣券。那么商家为什么不通过直接降价的方式，而是通过这种间接地使用优惠券的方式来促销呢？

商家之所以对优惠券的使用乐此不疲，最主要的原因就是经济学上所说的"价格歧视"。

所谓"价格歧视"，就是卖家利用不同的价格敏感度，对不同的买家进行区别定价，那些对价格相对不敏感的顾客，会被定更高的价格。

打个比方，你是个商务人士，明天必须赶往外国参加一个重要的会议，这个时候你买到的机票价格就比较高；而假如你是个精打细算的非商务人士，可能早在一个月前就买到了特价机票，准备去旅游。虽然两个人乘坐同一架飞机，甚至是并排座位，但商务人士的机票价格会高出很多。

"价格歧视"的关键就是区分不同的人群。顾客走进消费场所的大门，只需要通过出示消费券或者不出示消费券，就自动被归到某一类人群中了。使用消费券的人相对来讲对价格敏感，他们会花不少时间和精力去寻找优惠券。因此，那些出示优惠券的人，更在乎价格、折扣。而另一群人，也就是从不使用优惠券的人，他们的时间机会成本相对要高，他们没有多余的时间为了省下几十元钱去寻找优惠券。事实上他们不太关心价格，只想快点儿买到自己需要的商品。

因此，优惠券其实是区分客户的一种巧妙的发明，这也让商家可以用"价格歧视"来"区别对待"客户。

价格管制：安特卫普反抗军为什么会投降

16 世纪，西班牙曾试图通过封锁来切断位于安特卫普的反抗军的粮食供给，迫使其投降。这样的封锁使安特卫普的粮食价格不断提高，这也引来一些商人不顾封锁冒险走私粮食，让当地的军民得以坚守城池。

尽管如此，安特卫普城内的掌权者仍对这些赚钱的商人极为不满：他们认为这些商人心太黑了。于是，掌权者决定对粮食进行价格管制，限制粮食的售价，并严惩违反价格管制政策的人。

市民也觉得这种管制很有道理，不用买高价粮食了。可是这样做的后果是：那些商人也不想再冒着违反西班牙封锁令的危险运送粮食进城了。最终，价格管制使这座城市失去了粮食供给，安特卫普反抗军别无他法，只能举手向西班牙投降。

价格管制是指政府对市场上商品或劳务的价格进行的管理，劳务和商品不得以高于规定的价格进行交易，否则就被视为违法。我们在前文中已经了解到，一般情况下，市场是由"看不见的手"来调节的，价格管制常常适得其反。

1946 年，旧金山实施房租管制，其目的是防止房租飞涨，让穷人也租得起房。

在实施房租管制后，很多房东认为房租偏低，便不愿把房子租出去。由于房租管制的对象只是租赁人，对房屋的买卖并没有管制，房东更倾向于把房子卖出去，在租赁市场人们就更不容易找到房子了。那些租出去的房子由于房租偏低，房东懒得打理修缮，变得又旧又破。

本来政府进行房租管制是要帮助穷人，想让他们花更少的钱就能租到房子，结果却是穷人更租不到房子，能租到的也是破旧不堪的房屋，而有钱人由于市面上有更多的房子低价出售，反而能住上更好的房子。

■ 有效市场：经济学家是如何发现氢弹秘密的

经济学家阿曼·阿尔钦是现代产权经济学的创始人。1941年，他受雇于当时美国的知名智库——兰德公司，担任经济顾问。

1954年，美国进行了一系列核试验。兰德公司承接了很多军方项目，公司里有些人知道这个核计划。兰德公司里都是些出类拔萃的行业专家，大家都在讨论一个非常专业且属于最高军事机密的问题——氢弹的裂变燃料究竟是用什么做的？

知道这个秘密的人当然不能声张，但"元素周期表都背不全"的阿尔钦认为自己也能找到答案。

阿尔钦翻阅了氢弹爆炸前一年到爆炸后半年内的诸多矿产公司的股价，这些完全是公开信息。有一家公司没多久就跃入阿尔钦的眼中，这家公司的股价从8月份的每股2～3美元的价格一路飙升，到了12月份居然达到每股13美元，而在氢弹爆炸成功后，这家公司的股价开始稳定，它就是美国锂公司。

阿尔钦断定，氢弹的裂变燃料就是锂。军方得知阿尔钦的发现后吓出一身冷汗，不得不私下找他谈话，让他不要声张。

阿尔钦找到原子弹爆炸机密的方法就是利用"有效市场"。

20世纪70年代，经济学家尤金·法玛提出了"有效市场"的概念，有效市场是指在一个市场上，所有信息都会很快被市场参与者领悟，并立刻反映到市场价格之中。尤金·法玛的这个理论使他在2013年获得了诺贝尔经济学奖。

虽然美国军方对氢弹的秘密严防死守，但是市场的价格真实地反映出了需求。制造氢弹需要大量的锂，所以锂的价格出现暴涨，也就是尤金·法玛提出的"资产的价格已经反映了关于资产内在价值的所有可得信息"，这使阿尔钦能够轻易掌握美国军方的重大机密。

吉芬商品：什么东西价格越高需求量越大

19 世纪，爱尔兰发生了大饥荒，这场大饥荒的起因是马铃薯。

在爱尔兰马铃薯被称为"穷人的面包"，很容易种植，扔在地里就能成活，产量还特别高，成了农民生活的保障。因为人人都能吃饱，爱尔兰的人口也开始增长，从 1760 年的 150 万人，很快增长到 1841 年的 800 万人。

然而，在这一片繁荣的景象下，一场灾难却悄悄袭来。

1845 年，一种马铃薯枯萎病悄悄登陆爱尔兰岛，导致爱尔兰损失了大约一半的马铃薯。1846 年，情况变得更糟，人们不得不开始食用做种子用的马铃薯，很多地方马铃薯甚至颗粒无收。爱尔兰饿殍遍野，在那场大饥荒中，饿死的爱尔兰人多达上百万。

此后，爱尔兰人持续向美洲移民。在美国，马铃薯又被称为"爱尔兰马铃薯"，这个名字也隐含着这段悲惨的历史。

爱尔兰大饥荒还给经济史留下一个名词——吉芬商品。英国统计学者罗伯特·吉芬注意到，一般商品价格下降时，需求量会增加；价格上升时，需求量会减少，因此，商家才会经常降价促销。然而，当时爱尔兰马铃薯的情况恰好相反，其价格上升时，穷人对它的需求反而上升。

吉芬商品就是指价格越高需求量越大的商品。出现这种现象其实也很容易理解：一个低收入的劳动者在社会稳定时，有能力购买必需品马铃薯和奢侈品肉类，然而当马铃薯的价格上涨时，他就被迫放弃肉类去购买更多的马铃薯，这样才能维持基本的能量，这就导致马铃薯价格越高，爱尔兰民众对它的需求量越大。这也显示了吉芬商品的主要特性：只有在危及生存时，人们才会出现这种反常的消费行为。

■ 一价定律：“巨无霸指数”是怎么来的

麦当劳餐厅有种汉堡叫作“巨无霸”，这种汉堡有上下两层，有时候甚至是三层，里面夹着牛肉、奶酪和生菜。

1986年，英国的《经济学人》杂志推出“巨无霸指数”，用于测量两种货币的汇率在理论上是否合理。经济学家认为，“巨无霸指数”在预测长期汇率波动方面一直非常准确。比如，1999年推行欧元时，每个人都认为欧元相对美元会立即升值，而“巨无霸指数”表明，欧元的估值已经过高。

这么神奇的事情究竟是怎么来的呢？

要说明其中的原因，我们就要提到“一价定律”。一价定律是指相同品质的商品，不管在哪个市场中，其价格只能有一个。

如果一个地方的价格比其他地方高，人们就会从价格便宜的地方买入该商品，并到价格高的地方卖出。

基于一价定律，瑞典的经济学家古斯塔夫·卡塞尔在 1916 年提出了"购买力平价"这个概念。根据一价定律，国家之间同一种商品只有一个价格，那么两个国家的汇率就会等于两国物价水平的比率。

为什么使用巨无霸汉堡作为研究对象，而不是赛百味或者棒约翰的汉堡呢？这是因为世界各国情况各异，很难进行简单对比。然而，全球一百多个国家都有麦当劳餐厅，并且在每一家麦当劳餐厅，工人们都按照同样的操作流程做着同样的工作，这种全球性的高度标准化对经济学家而言至关重要。

不过，在现实世界里，虽然巨无霸指数是个很好的研究对象，但一价定律成立也是有条件的，比如完全竞争的环境、没有贸易壁垒、交易费用低等。海南超市里的芒果和北京超市里的芒果因为运费不同，绝不会是一样的价格。国家之间还存在关税等，一块瑞士出产的手表，在苏黎世购买也会比在上海买便宜。

▓ 价值悖论：钻石的价格为何远远高于水

在经济学中，有一个著名的水和钻石的价格难题，那就是：水应当比钻石更值钱吗？

经济学家亚当·斯密在研究不同物品的相对价格如何决定的问题时，就提出过这个问题。根据常识，一个物品的价格取决于它给消费者带来的效用。水为消费者所必需，没有水就会危及人的生命。尽管水的效用极大，但水的价格很低；而钻石是非必需品，效用有限，价格却非常高。这是为什么？

这个问题也被称为"价值悖论"。价值悖论是指某些物品虽然实用价值大，但是廉价；而另一些物品虽然实用价值不大，但很昂贵的现象。

这个问题最早是18世纪的金融家约翰·劳提出的。他这样解释：水之所以用途大、价格低，是因为世界上水的数量远远超过对它的需求；而用途小的钻石之所以价格高，是因为世界上钻石的数量太少，物以稀为贵。

经济学的边际学派认为"边际效用"决定商品的价格，边际效用小，其价格也低。水是取之不竭的，而人对水的需求有一定的限度。一杯水很解渴，再喝一杯，水的"边际效用"就大大降低了。然而，钻石的数量相对于人的需求来说却少得可怜，所以它的边际效用很大，价格也高。

经济学家马歇尔给出了最简单明了的答案：供给与需求决定

价格。由于水的供应极其充足，人们对水所愿支付的价格，仅能保持在一个较低的水平上。可是，钻石的供应量非常少，而需要的人又多，所以，要得到它的人，就必须支付超出众人的价格。

第三章

成　本

沉没成本：协和飞机为什么会失败

协和飞机是英国航空公司和法国航空公司合作生产的一种超音速客机，曾经作为力压美国波音航空公司的飞机而广受瞩目。不过这款飞机因过高的投资和研发费用，在经济性方面受到质疑，后来此款飞机在急速下降的时候又出现巨大的噪声和破坏环境等问题。另外，此款飞机使用的是欧洲多个国家生产的零部件，因此故障率也很高。

因为这些问题，中断协和飞机研发和生产的呼声很高，不过对于加入协和飞机项目的人来说，已经投入了大量的资金，到了无法放弃该项目的地步。因此，即便存在这么多的问题，政府对协和飞机项目的财政支持却没有中断。

1976年，协和飞机完成首航。2003年，协和飞机才退出历史舞台。为什么人们对这个问题频出的项目拖延了近30年，而没有及时止损呢？

在经济学中，有一种成本被称为"沉没成本"。沉没成本是指那些已经发生且无法收回的支出，如已经付出的金钱、时间、精力等。从决策的角度看，以往发生的费用只是造成当前状态的某个因素，当前决策所要考虑的是未来可能发生的费用及所带来的收益，而不用考虑以往发生的费用。

面对沉没成本时，人们通常会这样想：我已经为这个项目花了这么多精力，不能就这么轻易放弃。而事实上，这一成本已经付出了，无论这个项目后来是成功还是失败，都和负担这一成本没有关系。打个比方，父母让孩子学围棋，花费了巨大的精力和财力，可孩子既没天赋也不喜欢，但他们会因为之前的投入仍然坚持要孩子学下去。

由于之前所做的投入或者花费的精力和时间，人们普遍不愿意放弃本应该放弃的东西。人们总是想尝试通过努力，使沉没成本"浮上"水面，造成错误的决策一再延续。

摩擦成本：偷摩托车的小偷儿为何会减少

故事发生在 1980 年的联邦德国。当时的联邦德国对骑摩托车不戴头盔的人采取当场罚款的措施，这样做的主要目的是让人们记得戴头盔，以防止车主发生事故时头部受到伤害。

这一措施的实行产生了另一个意想不到且极富戏剧性的效果。在实施罚款之后，摩托车的盗窃率下降了 60%，且在之后的几年一直下降。警察想尽办法防止的盗窃摩托车案件的犯罪率居然神奇地下降了。

为何会产生这种匪夷所思的结果呢？

小偷在偷摩托车的时候只要戴上头盔，或者连头盔一起偷走不就得了？事实上，绝大部分偷车贼都不会这么做，因为戴头盔是件比我们想象中更麻烦的事情。如果小偷要去偷摩托车，得事先谋划好，拎着头盔满街转。同时，车主停车后通常会带走头盔，并不会将其留在车上。大多数窃贼是临时起意的，这样一来，见到适合偷盗的摩托车立刻下手就变得很困难了。

　　我们用经济学的术语表述这一现象就是：偷窃摩托车的"摩擦成本"增加了。摩擦成本这个术语是从物理学中借用过来的，是指由于各种麻烦的存在而增加了做事的难度。这就像用力在地面上推重物，由于摩擦力的缘故，重物很难被推动。同理，人们做事的动力也会在遇到麻烦时减弱甚至消失。

　　在网购某一件物品时，如果卖方承诺不满意可以在数日之内无条件退款，这样就没有摩擦成本了。然而，现实中我们想退换产品，摩擦成本总要比预期大得多。卖方会设定很多条件，诸如原包装必须完好无损、不影响二次销售等，这样就大大增加了退货的摩擦成本，我们的退货意愿也会大打折扣，甚至打消。

人力成本：荷兰为什么会普及风车

作家王小波在杂文《荷兰牧场与父老乡亲》中讲述了一个故事。

王小波到荷兰去旅游，看到运河边上有个风车，风车下面有一片牧场。他仔细观察发现，草地四周环以浅沟，下凹的地方和沟渠相接，所有的渠道都通到风车那里。这样一来，哪怕天降大雨，牧场上也不会积水。水都流到沟渠里，等着风车把它抽到运河里去。实际上，运河、风车、牧场是十七世纪荷兰人的作品。

王小波回忆起自己十七岁就下乡插队的情形。他每天都要推着独轮车，往地里送粪。独轮车极难操控，一旦操控不好，很容易连人带车一起翻倒。他下乡时带的几双布鞋，全是送粪时穿坏的。王小波说，直到现在他做梦还会梦到当年送粪时的情景。

王小波写道："这种活计本该交给风能去干，犯不着动用宝贵的人体生物能。我总以为，假如我老家住了些十七世纪的荷兰人，肯定遍山都是缆车、索道，他们就是那样的人：工程师、经济学家、能工巧匠。"

为什么荷兰人在十七世纪就用上了风车，而二十世纪七十年代的王小波还用独轮车送粪呢？

其中的原因，我们可以用"人力成本"来解释。人力成本是指在生产经营活动中，使用劳动者而支付的所有直接费用与间接费用的总和。

并不是荷兰人更聪明。在十六、十七世纪的荷兰风车之所以得到大规模使用，就是因为当时的荷兰人力成本很高，大家都从事更高收益的航海、贸易和金融等方面的工作，所以体力活都让风车来干。王小波所处的时代，人口迅速增加，生产效率却没有提高，这导致人力成本很低，所以王小波就得没完没了地去推独轮车了。

■ 搜寻成本：为什么公司名称喜欢以"A"开头

很多著名的公司名字都是以"A"开头的，比如 Apple（苹果）、Amazon（亚马逊）、Adidas（阿迪达斯）、Adobe（奥多比公司）、AT&T（美国电话电报公司）、AXA（安盛集团）、Alcon（爱尔康）等。

为什么这些公司喜欢以"A"开头为公司命名？

身边经济学：看透万物的极简思维

这就得从"搜寻成本"说起。搜寻成本是指对商品信息与交易对象信息的搜集所花费的成本，也是交易成本的一部分。

比如，你去书店找一本喜欢的书，你花费的时间就是这本书的搜寻成本。如果一个人想结婚却没有合适的对象，那么他去婚介机构登记的花费以及每次相亲的支出，就是他寻找结婚对象的搜寻成本。

以前我们寻找公司，常常会翻看黄页电话本，这是一本比《康熙字典》还厚的书，排在最前面的公司会很容易被看到，而排在后面的公司需要翻很多页才能被找到。对于排在后面的公司（例如名字以"Z"开头）来说，人们的搜寻成本比较高。

名字以"A"开头的公司虽然减少了搜寻成本，但大家都想排名靠前，竞争也很激烈。21%的公司名字以"A"为首字母或者以数字开头，甚至还出现"AAAA Scott's Plumbing"这样名字的公司。

关于"阿里巴巴（Alibaba）"公司名字的由来，马云的说法是：全世界都知道"阿里巴巴"，并且发音简单。不过有个原因他可能没有说，马云曾做过"中国黄页"，他一定知道公司在黄页中排序的重要性，而取名"阿里巴巴"在排序中非常占优。

即便今天人们不再使用黄页电话本，但名字以"A"开头的公司仍然在各种排序上占有优势，今天的科技公司的名字仍然以"A"开头的居多。除了排名越靠前越容易被人熟悉，还有一个原因——"A"代表着优秀。

▨ 交易成本：奥斯汀市是如何回收垃圾的

美国的奥斯汀市每年都会在固定的时间发布一则消息："下周会派专人来收大件垃圾。周日居民可以把不要的大型家具、设备放在家门口的大街上，它们将在周一被收走。"

奥斯汀市的居民会把用不着的旧家具、旧电器放在街边，例如那些用不着的书架、沙发、冰箱等。在周一市政府的垃圾车到来之前，有些东西会被需要它们的人捡走。这样做可以说是一举两得，既可以减少政府搬运大件物品的工作量，也让有需要的人免费得到自己想要的东西。

从经济学的角度来说，当政府发出收大件垃圾的通知，且要求市民把垃圾在规定的时间放在规定的地点时，市政府相当于最小化了那些需要一些旧货且不想花钱的市民的交易成本。

交易成本，也被称为交易费用，最早由美国经济学家罗纳德·科斯提出，是指在完成一笔交易时，交易双方在买卖前后所产生的各种与此交易相关的成本。

从交易成本经济学的角度来说，市场运行及资源配置有效与否，关键取决于两个因素：一是交易的自由度大小，二是交易成本的高低。假设一个农民自己种了瓜果蔬菜想到镇上去卖，结果发现只能去指定的市场售卖，还要交摊位费、管理费、卫生费等，那么他很可能宁可不卖，让它们烂在地里。

在奥斯汀市的例子中，如果政府没有发出这样的通知，大家在不同的时间扔大件垃圾，有需要的人就要在邻近街区不断走动，以便寻找自己要的东西，这样就得不偿失（交易费用变高）。政府的通知使市民既能清理自己不需要的家电、家具，又能让有需要的人得到有用的物品。

▨ 鲍莫尔成本病：哪些职业很难被淘汰

随着人工智能等科技的发展，我们或多或少会产生一种疑虑：我们学习的专业和从事的职业未来还有市场吗？假设我们学的是插画、视频制作或者是编程等专业，我们已经目睹了人工智能的强大，在若干年之后，这些领域的工作很可能会被人工智能所取代。

那么，有没有不被科技和效率插手的行业呢？

美国经济学家威廉·鲍莫尔提出，在表演艺术中存在着一种普遍现象，即与现代工业的高效率相比，表演艺术在"技术方面"进步缓慢。

打个比方，两百多年前莫扎特创作的经典音乐，如《A大调单簧管协奏曲》（K. 622）中的慢板乐章，那个时代演奏需要8分钟左右，今天演奏仍然需要同样的时间。同样，对于莫扎特创作的众多弦乐四重奏而言，两百年前需要4个人来演奏的曲子，今天同样需要 4 个人才能完成。

由此可见，过去几百年音乐家在演绎莫扎特音乐时的"生产过程"未曾改变过，"生产效率"也难以提高。

与其他行业（如制造业）不断涌现的新技术和效率提高所带来的成本下降相比，表演艺术领域的生产成本不仅没有降低，而且还有上升的趋势——我们进入的演出大厅越来越豪华，为演出所支付的宣传费用不断提高，艺术家或明星的收入也越来越高。

表演艺术领域成本相对上升的现象，后来被称为"鲍莫尔成本病"。

如今这一概念已被用来泛指那些机器很难引入，需要较多人类创作的领域。除演艺领域外，在不少传统手工业中也存在"鲍莫尔成本病"。

从这个角度来说，艺术表演、体育竞技、传统手工这些行业很难被科技淘汰。

第四章

消　费

▨ 棘轮效应：为什么说"由奢入俭难"

英国人基思·高夫本是一个幸运儿。他和妻子喜中彩票头奖，获得 900 万英镑的巨额奖金。然而，高夫中奖后挥霍无度，还和妻子离了婚。5 年后，穷困潦倒的高夫因心脏病发作在孤独中去世。

美国国家经济研究局的一项调查显示，近 20 年来，欧美的大多数彩票头奖得主在中奖后不到 5 年内，会因挥霍无度等原因变得穷困潦倒。该项调查同时显示，美国彩票中奖者的破产率每年高达 75%，每年 12 名中奖者当中就有 9 名破产。

明明是发了财，为何用不了多长时间就破产呢？

经济学上存在一种"棘轮效应"。所谓棘轮效应，是指人的消费习惯形成之后具有不可逆性，易于向上调整，而难于向下调整，也就是古语所说的"由俭入奢易，由奢入俭难"。

消费水平不但受目前收入水平的影响，同时也受自己过去收入水平的影响。一旦收入增加导致消费水平提高之后，即使收入下降了其消费水平也很难降低。

消费水平取决于相对收入，即相对于自己过去高峰时的收入。短期内的消费是不可逆的，经济恶化会导致收入水平下降，但是消费水平并不会马上降低，所以消费水平具有一定的稳定性。

在影视剧中我们常常看到，很多有钱人家的孩子花钱大手大脚，一旦家道中落，仍然保持乱花钱的习惯，最后不得不变卖家产，直至流落街头。

同样，根据这种效应，中大奖者有了钱，就会开始习惯大把花钱，即使日后再也没有收入进账，也依旧会沿袭大手大脚的习惯，导致财务恶化。因此，中大奖者才会有如此高的破产率。

■ 心理账户：来得快的钱为何去得也快

电视剧《潜伏》中谢若林说过一句很经典的话："现在两根金

条放在这儿，你告诉我哪一根是高尚的，哪一根是龌龊的。"这话听起来很有道理，然而一系列的实验却推翻了"钱都是一样的"的事实。

例如，赌桌上的赌徒会把钱分成"自己的本钱"和"赢来的钱"，当用"自己的本钱"下注时，他们会小心翼翼，而用"赢来的钱"下注时，他们则会格外大胆。

小时候，我的父母比较节俭，他们对自己的工资收入安排得仔仔细细，从不乱花钱。有一次，他们在股市中赚了一小笔钱，我们全家非常难得地去饭馆大吃了一顿。

经济学家发现，美国费城的犯罪团伙成员对手头的钱以"干净的钱"和"肮脏的钱"来严格分门别类。比如,一个叫马蒂的成员喜欢去教堂,他经常从母亲给他的钱中拿出一部分,进行小额捐赠,但是他不会拿偷来的钱去捐款。他说:"这是肮脏的钱,这钱不干净。"

同样是钱,为何不一样呢?

美国芝加哥大学行为经济学教授理查德·泰勒提出了"心理账户"这个概念,即人们把实际上客观等价的支出或者收益在心理上划分到了不同的账户中。

父母把工资收入归在"家庭生活开支"账户中,因此需要细心规划;而把从股市赚的钱认为是"意外之财",因此愿意奢侈一下。

赌徒常说一句话:用庄家的钱赌。也就是说,赢钱时,赌徒会认为是拿赌场的钱而不是自己的钱在赌博。我们还会发现一种被称为"双兜"心理账户的情况,即本钱放在一个兜里,赢来的钱放在另一个兜里。当然不管钱放在哪个兜里,最后的结果都是两个兜都空空的走出赌场。

■ 乘数效应:政府为什么要发消费券

几年前,突如其来的新冠疫情让全国的消费按下了暂停键。当政府再次按下消费重启键时,地方政府根据当时的经济形势,结合自己的财政能力,纷纷开始发放消费券。

我记得当时在支付宝上很方便地领到了电子消费券,在餐厅吃饭时可以用"满就减"的形式使用这些券。因为这些消费券，餐饮和娱乐的生意一下子好了不少。

促消费，拉内需

　　早在 2009 年金融危机时，各地政府就发放过消费券。从经济学的角度来看，消费券背后的经济原理就是"乘数效应"。因某种原因政府增加支出和投资，由此带来的国民所得的增加幅度会是政府支出增加幅度的好几倍。政府支出的这种能够扩大增幅的催化剂作用就叫作"乘数效应"。

　　乘数效应的逻辑是：通过前期的投入刺激消费，而后促进企业再生产，生产增加带来用工增加，用工增加继续带来消费增加……如此往复循环，使十元钱的消费券最终能带来几十元甚至几百元的消费总量的增加。

　　"乘数效应"是凯恩斯学派非常喜欢的概念，因为这个效应明确证明了政府支出和投资的有效性，也就证明了凯恩斯学派的正确性和合理性。

　　不过，我们也应该认识到乘数效应有一定的局限性。比如，为了筹措更多的财政资源以支持扩张性财政政策，政府就会扩大对市场的管制范围，结果可能损害市场的效率。另外，发放消费券等刺激消费的行为，往往会增加政府支出。消费券由政府买单，而结果就是税收增加，导致国民收入收缩，从而产生经济的紧缩效应。

▦ 炫耀性消费：铂金包为什么能成为"武器"

　　耶鲁大学人类学女博士薇妮蒂斯·马丁是一个出生在美国中西部密歇根小镇的姑娘，那里民风淳朴。她在 35 岁的时候，遇见了自己未来的丈夫。两人结婚后，她随着丈夫住到了纽约上东区这个顶级富人区。

　　有一天在上东区，一个略微年长的贵妇完全不管人行道交通规则，不但阻挡正常行走的马丁，还故意用包撞了她。马丁发现，这不是偶然现象，许多女人都这样做，并且冲撞发生时，这些女人胳膊上都有一只顶级的铂金包。原来，包不但可以展示财富和权力，还可以变成"武器"。

　　然而，这种限量版的铂金包不是有钱就能买的。这种纯手工打造的包，价格高达几十万甚至上百万元。如果你是无名之辈，爱马仕专卖店的店员只会遗憾地告诉你缺货。

人们为何会花几十万甚至上百万元去买一个包，把"一套房子"背在肩上呢？

美国经济学家凡勃伦在《有闲阶级论》中提出了"炫耀性消费"的概念，炫耀性消费指的是人们具有购买和炫耀昂贵商品的倾向，其目的是向他人展示自己的财富和地位。炫耀性消费不仅在美国社会很常见，实际上在人类发展历史上的各个国家都有人热衷于炫耀自己的奢侈品。

古埃及的法老通过金灿灿的宝座和庞大的金字塔大肆炫耀他们的财富；印度的邦主在他们的属地建造奢华的宫殿，豢养大量珍稀的动物；希腊船王奥纳西斯的奢华游艇比一个足球场还要大，洗手间的马桶全部是纯金打造的……

由此可见，铂金包在上东区也成为贵妇炫耀的武器。

在电视剧《三十而已》中，女主角顾佳背着一款香奈儿的包参加了一次太太圈的聚会。然而在这里，每个太太都背着爱马仕的包，顾佳遭到了阔太太们的无形嫌弃，连合影中的她都被裁掉了。

■ 消费者剩余：买卖双方的终极博弈

有部电影叫作《被解救的姜戈》，电影中的故事发生在1858年，也就是美国南北战争前三年，美国南方当时还在实行奴隶制。舒尔茨医生带着他的搭档姜戈去了臭名昭著的种植园——"糖果农场"。他们此行的目的是解救被贩卖到这里的一个名叫布鲁姆希达的女奴。

当时的一个女奴最多值500美元，但这个女奴是姜戈的妻子，因此姜戈愿意为她支付非常高额的赎金，甚至是自己的所有。

他们如果直奔主题去赎买布鲁姆希达，那么一定会遭到农场主的勒索。买卖双方是通过互换信息来判断对方的价格底线的，如果农场主得知姜戈愿意为了他的女奴付出高昂代价，必定会最大程度地压榨舒尔茨医生和姜戈的"消费者剩余"。

"消费者剩余"是指消费者购买某种商品时，所愿支付的价格与实际支付的价格之间的差额，这一概念是经济学家马歇尔提出来的。

对消费者来说，消费者剩余越大就越满意，然而卖家则希望尽可能多地压榨消费者剩余。比如，你在市场上看上一个古董花瓶，你的心理价格是 10000 元，但是你会说"这里有条裂纹，那里有点儿磕碰，我最多只愿意出 3000 元"。花瓶最后以 4000 元成交，那么这 6000 元就是你的消费者剩余。

我们再回到故事中，舒尔茨医生给出的策略是，"一个人要买马，他不说要买马，而说要买农场"，也就是不让对方获得真实信息。于是，他们假装要购买昂贵的角斗士，顺便用较低的价格把布鲁姆希达买走。然而很不幸，他们的这招被邪恶的管家识破，对方知晓了他们的价格底线，最终舒尔茨医生和姜戈不得不为布鲁姆希达支付了 12000 美元的高额赎金。

▨ 消费函数：演艺经济能拉动消费吗

这几年，政府为拉动消费想尽了办法。演唱会被认为是拉动消费很好的方式，不仅有门票收入，还有歌迷的餐饮、旅游、住宿等收入。一场大型演唱会，能带来上亿元乃至数亿元的消费。例如，2024 年，刘德华在上海、广州、北京、南京、成都等地就开了 36 场演唱会。

从经济学的角度来看，靠演艺市场来拉动消费，效果可能没有想象的那么大。

经济学家认为，影响消费的因素很多，但最重要的还是收入水平。表示人们的消费支出与收入水平之间的关系的函数就是"消费函数"。消费函数理论最早是凯恩斯提出的。他确定了消费支出和收入之间的关系，认为收入是影响消费支出最重要的因素。

消费函数理论有助于我们深化对演艺经济的认识。既然消费取决于收入而不是有没有消费机会，那么，如果收入水平不提高，消费就很难增加了。或者说，真正刺激消费的方法是增加老百姓的收入，而不是举行演艺活动。

消费函数是稳定的，即人们收入中用于消费的比例，从整个社会来看是稳定的。歌迷们的确为演唱会花了钱，但他们也会在其他地方节约开支，总体的开支是稳定的。因此，经济学家认为，现在我们经济中的消费不足，不在于高收入者没机会消费，而在于低收入者没钱去消费。

最近你好像没怎么消费啊。

我看完演唱会就没钱了。

▦ 需求弹性：榴梿为什么开始受欢迎了

　　虽然榴梿被称为"水果之王"，但我以前不吃榴梿。一个原因是我受不了它的气味，另一个原因是它太贵，动辄四五十元一斤，一个五六斤重的榴梿需要两三百元。

　　这几年，榴梿的价格已经跌到十几元一斤了，水果超市里堆满了榴梿，一个榴梿算下来也不太贵。于是，我和很多人一样，开始买来尝尝。我发现它其实也挺好吃的，渐渐喜欢上了这种水果。

我们会发现，有些商品只要一降价，销量还是有的，比如榴莲、车厘子、海参等。以前它们太贵，人们不怎么买。如今它们价格亲民，还是受欢迎的。不过，并非所有的商品都如此，有些商品便宜了你也不会多买，比如大米、食盐、常用药品等。

“需求弹性”这个经济学概念有助于我们理解这个现象。

“需求弹性”是指商品价格变动对需求量的影响程度。价格变化对需求影响较大，叫作“需求价格弹性大”，价格变化对需求影响较小，叫作“需求价格弹性小”。一般而言，需求价格弹性大的商品，价格稍微上涨，需求量会明显下降；需求价格弹性小的商品，不管价格如何变动，需求量不会有明显变化。

越是生活必需品，如大米、食用油、肉类、蔬菜等，其需求价格弹性越小；对非生活必需品来说，则其需求价格弹性大，比如化妆品、饮料、金饰品等，当它们大促销时就会卖得很好。

身边经济学：看透万物的极简思维

　　在商业活动中，对于需求富有弹性的商品可以实行低定价策略或采用降价促销策略，这就是薄利多销。虽然商品价格低，单位数量商品的利润少，但销量一大，总利润也就上去了。

第五章

市　场

■ 买方市场：《傲慢与偏见》里的"高富帅"为何抢手

在简·奥斯汀的小说《傲慢与偏见》中，班纳特一家生活在英国赫特福德郡一个宁静的乡村。当两个年轻且富有的单身汉来到赫特福德郡时，这种平静被打破了。

在赫特福德郡，有很多待嫁的年轻女孩，在这里的婚姻市场中，男女比例失衡，单身女性远远多于单身男性。这是因为男人有很多选择，他们可以去伦敦或其他一些大城市工作，而女孩子在出嫁前只能待在家里。

奥斯汀说："世上可成佳偶的丽人并不缺乏，广有家资的男人却不多见。"随着达西和宾利这两个"高富帅"的出现，赫特福德郡的高端婚姻市场竞争变得更加激烈了。这种未婚女子供大于求的状况，在经济学上被称为"买方市场"。

"买方市场"（与"卖方市场"相对应）是指商品供过于求，卖主之间竞争激烈，买主处于主动地位的市场。在买方市场上商品供给量超过需求量，卖者降低销售条件，想方设法将自己的商品销售出去，甚至廉价抛售商品。卖方市场的情况则刚好相反。

在赫特福德郡的婚姻市场中，"商品"就相当于未婚女性。在奥斯汀的时代，单身男女的婚姻，通常需要由类似于证交所的交易员的人来撮合，而这个撮合人通常就是女方的父母。

班纳特夫人有 5 个女儿，她觉得"销售任务"很重，她认为只有财富才能带来幸福。当达西和宾利这两个"高富帅"出现时，班纳特夫人决定抢先一步，为自己的女儿在婚姻市场上创造优势。

故事的结局是有情人终成眷属，当班纳特夫人听闻女儿伊丽莎白与达西订婚的消息后，狂喜之情溢于言表："一年有 10000 英镑的收入，可能还要多！简直像个皇亲国戚。"

■ 禁售令：盖茨比是如何发财的

不知道你有没有读过菲茨杰拉德的小说《了不起的盖茨比》，

小说中，盖茨比对黛西的丈夫汤姆摊牌说："黛西要离开你了。"

"她不会离开我的！你到底是什么人？"汤姆生气了，他开始揭盖茨比的老底："你是迈耶·沃尔夫山姆的那帮狐朋狗友里的货色……我打听出来了你那些'药房'是什么名堂。"他说盖茨比和这个姓沃尔夫山姆的家伙在本地和芝加哥买下了许多小街上的药房，私自把酒卖给人家喝。

盖茨比看起来是个完美的"高富帅"，但汤姆没有说错，盖茨比是个靠卖私酒起家的走私犯。在美国禁酒时期，他与声名狼藉的迈耶合作购买了整个纽约和芝加哥的街道药店，使酒类能和阿司匹林一同在柜台上出售。

美国是个由清教徒建立起来的国家，这些清教徒的后代建国后一直推行禁酒运动。从 1919 年到 1933 年，美国进入一个长达 14 年的禁酒令时期。然而，让人没有料到的是，在禁酒令时期酒的消费量居然比其他时期增加了大约 10%。禁酒令推行之前纽约只有 15000 家酒馆，而禁酒令时期居然有 32000 家地下酒馆在营业。

为什么政府越是禁酒，酒类越是畅销？在售酒合法的情况下，黑帮和正规酒商竞争，毫无胜算。黑帮没有能力打压所有酒商来垄断市场，正规酒商会以质优价廉的优势来占领市场。然而，美国政府推行禁酒令，相当于帮助黑帮排除了合法竞争者，为他们提供了垄断市场。同时，禁酒令还提高了酒类售价，给走私酒带来了暴利，这就大大激发了走私者的热情，于是一大批人借此发了财，其中也包括盖茨比。

世界各地都有各种禁售令，也就是禁止销售某一类商品的法令，例如电子烟、游戏机等。禁售令常常会带来副作用，也就是提高了这类商品的利润，导致走私和黑市猖獗。

加拉帕戈斯综合征：日本制造业为何失去市场

在二十世纪八九十年代，如果你打开电视机会看到各种各样的日本产品的广告，如日立、东芝、索尼、尼康、三菱、富士、松下、三洋、夏普等。那个时候，日本生产的电器代表着先进的技术和高质量，年轻人喜欢在腰间挂一个爱华随身听，结婚购置嫁妆时也喜欢买日本电器。

然而，今天你到商场去看一下，百分之九十都是国产商品，中国制造质优价廉，而日产电器的市场占有率早就大不如前了。日本引以为傲的汽车和消费电子产业在 20 世纪 90 年代以后就逐渐没落了。

《纽约时报》把日本的制造业衰落定义为"加拉帕戈斯综合征"。它这样评论道："日本人认为自己成了加拉帕戈斯群岛上的生物，该国赖以横扫天下的两大产品——汽车和消费电子产品陷入一个怪圈，那就是在日本国内依然一览众山小，而在国际市场上却节节败退。"

加拉帕戈斯群岛位于南太平洋，因为远离陆地，所以群岛上有很多不受外界影响而独立进化的生物。和大陆以及其他岛屿不同，由于和外部世界彻底隔绝，加拉帕戈斯群岛进化出了一套自己的生态系统，当年达尔文就在这些岛屿上考察过，并为进化论奠定了基础。

日本的经济和加拉帕戈斯群岛的生态类似，日本人研发的技术和服务只针对日本国内的消费需求，没能满足国际市场的需求和标准。比如，日本生产的手机只在国内畅销，在国际市场上几乎看不到影子。就这样，曾经辉煌的日本制造业，最终在国际市场上的影响力大打折扣。

▦ 阿尔钦－艾伦定理：食物离产地越近越好吗

我们去吐鲁番旅行会带回葡萄干，去阿克苏会买苹果，去库尔勒会买香梨，去海南会买点芒果……因为我们相信，在原产地买的食物比在其他地方买到的会更好。

那么事实是如此吗？答案可能正好相反。

美国经济学家阿尔钦和艾伦曾被问到一个问题：佛罗里达州盛产柑橘并销往全国，然而为什么在纽约出售的柑橘质量，普遍比佛罗里达州出售的柑橘质量要好？

对于这个问题阿尔钦和艾伦是这样解释的：在纽约销售的好柑橘和坏柑橘的价格中都要包含运输费用，既然运费是固定成本，零售商当然卖质量好的柑橘更划算了。这样，纽约的消费者就会花高价买进更多好柑橘，而这又会反过来刺激零售商增加好柑橘的供应量。

这就是"阿尔钦－艾伦定理"：当相同的附加成本被加在两个相似商品的价格中时，人们会增加对优质商品的相对消费量。

零售商既然要长途贩运，而付出的运费是相同的，他们当然要挑最好的水果贩卖。这种现象不仅出现在佛罗里达州的柑橘上，华盛顿州出产的质量最好的苹果也都被运到了美国东海岸。我们在超市里看到的进口水果都是饱满圆润、色泽诱人的，好的水果才值得出口。

据纪录片《舌尖上的中国》介绍，（迪庆）松茸收购恪守严格的等级制度，48 个不同的级别，从第一手的产地就要严格区分。松茸保鲜的极限是三天，商人们以最快的速度对松茸进行精细的加工。这样一只松茸在产地的收购价是 80 元，6 个小时之后，它就会以 700 元的价格出现在东京的超级市场中。

在东京吃到的松茸一定比迪庆菜市场里买到的好，因为只有最好的松茸才值得被挑选出来千里迢迢运往日本。

▨ 萨伊定律：木乃伊能有什么用

萨伊定律也称"萨伊市场定律"，得名于19世纪的法国经济学家让－巴蒂斯特·萨伊。不过，真正提出相关概念的是英国经济学家詹姆斯·穆勒，萨伊只是做了进一步阐释。根据萨伊定律，商品的供给会为自己创造出需求，总供给与总需求基本上是相等的。

与萨伊定律相对，凯恩斯在20世纪30年代提出"凯恩斯定律"，认为需求能自己创造出供给。关于萨伊和凯恩斯两人的定律哪个更有道理，历来是经济学争论的焦点。

大约从中世纪开始，埃及就不断出土木乃伊。供给有了，可是需求在哪里呢？这些木乃伊究竟有什么用？难道放在家里当摆设吗？

欧洲的商人奇迹般地创造出了对木乃伊的需求，他们到处宣称木乃伊磨成的粉能治百病，尤其是治疗头痛。

除了对神药的需求，艺术家们也发现了木乃伊的实用价值。他们发明了一种名叫"死人头"的褐色颜料，是用木乃伊的裹尸布做成的。17世纪，这种颜料非常流行；到了19世纪，当这种配方广为人知之后，它才渐渐失宠。

19世纪，埃及人在国王谷等地发现了大量的木乃伊。欧洲商人又开发出了对木乃伊的新需求。欧洲的贵族们在家里开始流行起"木乃伊大派对"。当时解开木乃伊的布条是社交界的盛事，主人给亲友发去邀请函，由当地的医生解开布条，在人群的尖叫声中，淑女和绅士们瞪大眼睛看着这些一丝不挂的"国王和大臣"。

木乃伊是个极端的例子，当出现大量供给时，商品一般会降价，以此来增加消费。进入 20 世纪后期，大量生产商品导致了慢性的过度供给，结果为了刺激需求，营销理论有了很大发展。

■ 凯恩斯定律：挖一个坑就能让经济复苏吗

约翰·梅纳德·凯恩斯是一位影响历史进程的经济学家，他的思想对今天政府的政策仍有着重要影响。

凯恩斯是剑桥大学的荣誉教授，他经营过剧院，出任过英国银行的董事，与罗斯福总统和丘吉尔首相都有过交往，还结识了萧伯纳和毕加索。凯恩斯从小就是个天才，据说他在四岁半的时候，就开始思考利息的经济意义；六岁的时候，就已经在思考自己的大脑是如何运作的。

凯恩斯的著作《就业、利息和货币通论》，在经济学上的地位不亚于《国富论》或《资本论》。在这本书中，他讲了一个寓言故事：乌托邦国的经济处于完全瘫痪状态，工厂倒闭，工人失

业，人们束手无策。这个时候，政府决定兴建公共设施，雇用
200人挖了个很大的坑。雇200人挖坑，需要发200把铁锹；发
铁锹使生产铁锹的企业开工，生产钢铁的企业也开始工作了；挖
坑的工人需要领工资，这可以推动食品消费。挖坑带动了整个国
民经济的消费。大坑终于挖好了，政府再雇200人把这个大坑填
好，这样又需要200把铁锹……如此，萧条的市场终于一点点复
苏了。

　　这个故事虽然听起来匪夷所思，但凯恩斯其实在讲这样一
件事：当经济萧条时，政府应该出来做事，用这只"看得见的
手"，通过政府投资及调控的方式进行公共设施建设，把经济拉
动起来。

　　这就是"凯恩斯定律"，即需求能创造出自己的供给。萧条
时期政府必须采取措施刺激需求以稳定经济。凯恩斯定律提出的
社会背景是1929—1933年的经济大萧条。当时，欧美经济陷入
大萧条，凯恩斯认为，仅靠自由市场机制是无法保证经济稳定增
长、达到充分就业的，必须加强国家干预。

▨ 垄断：如果厕所被垄断了会怎么样

　　美国作家格雷格·柯蒂斯在欧洲游玩时，常常因为身上没零
钱而无法上厕所，这让他很不爽。回到美国后，他写了一部反乌
托邦音乐剧《尿都》（*Urinetown*）来讽刺这件事，这部荒唐幽默
的音乐剧上演后大受欢迎。

《尿都》讲述的是一场全球性大旱造成了严重缺水，为了保护地下水，政府给予"尿得欢"公司垄断经营厕所的权利。私人厕所不允许存在，居民家里也不可以有厕所，更不许私藏夜壶。任何人想要小便就必须去"尿得欢"公司旗下的连锁收费公厕，如果有人想半夜溜到小树林里去小便，这可是要被送进大牢的严重罪行。

由于"尿得欢"公司具有完全垄断的地位，它拥有制定价格的完全自主权，并且它所面对的需求价格弹性几乎为零，它可以把价格制定得非常高，这样"尿得欢"公司的大楼，就一天比一天高。

这个故事讲的是经济学上的一个重要概念——垄断。

所谓垄断就是一个或少数几个大企业，为了获得高额利润，通过协议或联合，对一个或几个相应部门产品的生产、销售和价格进行操纵和控制。

有一些市场是完全竞争性的，比如我们家门口的早餐市场，没有一个买者或卖者能单独影响包子的价格。但是，许多物品与劳务的市场并不是完全竞争性的。一些市场上只有一个卖者，而且这个卖者可以决定价格。这个卖者就被称为垄断者。一些市场上只有几个卖者，而且这些卖者并不总是主动地进行竞争。这种市场被称为寡头市场。

再说说《尿都》故事的结局，活人不愿意被尿憋死，于是人们拿起夜壶开始反抗，垄断市场瓦解了，人们又夺回了"撒尿权"。

▓ 差异化竞争："转角书店"靠什么生存

电影《电子情书》讲述了 20 世纪末的一个故事，那个时候互联网刚刚兴起，人们开始了网上聊天和收发电子邮件。

在纽约人文气息浓厚的上西区，凯瑟琳经营着一家温馨的"转角书店"，书店继承自母亲，已有四十年的历史，是附近街坊生活的一部分。没想到就在邻街，一家大型的连锁书店"福克斯图书超市"开张，各种折扣、多功能卖场大大危及小店生意，而大书店的老板乔·福克斯自然成为凯瑟琳的竞争对手。两人白天"斗法"，夜深人静时却通过电子邮件成为最佳笔友。

凯瑟琳乐观地告诉店员，新开的书店不会伤害到他们，因为两家书店经营的业务不同，销售的产品也不同。在销售图书时，凯瑟琳提供的是个性化的服务，注重对个体的关注，转角书店的优势是了解附近客户的需求和喜好，并尽力满足。顾客的孩子们可以在她的书店里舒适地阅读，凯瑟琳还能运用自己渊博的知识为左邻右舍提供阅读咨询。在转角书店里，孩子们就像在自己的家里一样。

而福克斯图书超市则没有这些服务。在福克斯书店，人们互不认识，销售人员甚至自己都不喜欢读书，当然无法给顾客提供中肯的建议。

凯瑟琳说的这些，如果用经济学的语言表述就是"产品差异化"，而凯瑟琳的竞争策略就是"差异化竞争"。

"差异化竞争"是指将企业提供的产品或服务差异化，创造企业在全行业中具有独特性的东西，是一种战略定位，即企业设置自己的产品、服务和品牌以区别于竞争者。

同样是销售图书，福克斯图书超市和"转角书店"两者其实经营的产品并不相同。对凯瑟琳来说，书店并不仅仅销售图书，更是提供一种生活方式。

■ 供应链：一艘货轮如何造成全球卫生纸短缺

供应链是连接供应商、制造商、分销商、零售商，直到最终用户的一个整体功能网链结构，全球供应链则是在全球范围内组合的供应链。在全球供应链上，任何一个环节出现问题都会产生巨大影响。

2021年3月23日，中国台湾长荣海运公司旗下的巨型货轮"长赐"号因为遭遇大风在埃及苏伊士运河新航道搁浅，导致运河双向堵塞断航。"长赐"号货轮长400米，宽59米，运输能力为22.4万吨。

全球通过海路运输的石油中，大约30%是通过苏伊士运河完成的。换言之，苏伊士运河停航一天，就有数百万桶石油的运输被延迟。堵塞还扰乱全球液化天然气运输，全球约8%的液化天然气的运输要经过苏伊士运河。全球最大的液化天然气提供国是卡塔尔，其运往欧洲的天然气产品基本都要经过该运河。塞船事件引发了蝴蝶效应，最终影响了全球市场上的石油、天然气等多种重要物资的供应。

运输延误还会影响到人们在网上订购的衣服和鞋子、健身器材、电子产品、食品以及全球能源供应等。世界上最大的卫生纸纸浆生产商巴西 Suzano 公司主要用散装货船运输纸浆，因为纸浆运输受阻，纸浆贸易的中断最终影响了卫生纸供应，从而导致全球卫生纸出现短缺。

"长赐"号共搁浅6天，造成了苏伊士运河150多年历史上最严重的堵塞，对全球供应链造成巨大的影响。

如今，供应链安全已从传统的"后勤保障问题"上升为国家安全与全球竞争的战略命题。未来，谁能更快实现供应链的"安全、智能、绿色"三位一体转型，谁就能在充满不确定性的局势中掌握主动权。

第六章

权　利

身边经济学：看透万物的极简思维

外部性：SUV 给别人带来哪些危害

如果我家想买一辆新车，并且不在乎油钱，那么 SUV（运动型多功能汽车）看来是不错的选择。这种车不但漂亮宽敞，更重要的是还很安全。

SUV 自身更重，防撞性能更好，乘坐更为安全。统计数据表明，某人发生了交通事故，如果他开的是 SUV，那么他的死亡率或重伤送医率是 2.7%。如果他开的是普通轿车，那么这一概率将上升到 3.6%。

你很愉快地坐在 SUV 中，可是对于 SUV 外面的人来说，情况就没这么乐观了。被 SUV 撞到的行人，有 5.1% 的概率会丧命，而对于被普通轿车撞击的行人来说，这一概率只有 3%。所以，如果发生交通事故，SUV 可以让车内司机的死亡率降低 0.9 个百分点，同时让行人死亡的概率提高 2.1 个百分点。也就是说，你买了 SUV，提高了你自己的安全性，却让行人和其他车辆增加了不安全性。

这种状况用经济学的术语来说就是"外部性"。外部性是指一个人的行为对旁观者福利的无补偿的影响。如果对旁观者的影响是不利的，就称为"负外部性"；如果这种影响是有利的，就称为"正外部性"。

当我们把自己院子里的草坪修剪整齐、把露台用鲜花装扮得

78

更漂亮时，路过的行人可以获得愉悦感，但他们不用为此付费，这就是"正外部性"。

污染是一种典型的"负外部性"。我们把汽车加满油，行驶在路上，汽车排出的尾气会导致全球变暖。趴在融化的冰川上的北极熊的生存环境正在恶化，亚马孙丛林里的树木也因为汽车尾气形成的酸雨受到侵蚀。对此，我们却不必支付费用。

一般来讲，对于"负外部性"，政府可以采取一些措施，例如，通过制定汽车尾气排放标准、对大排量汽车额外征税等政策来减小"负外部性"。

▓ 搭便车：古怪的三面钟楼是怎么来的

从前的火车站常常建有一座钟楼，让大家看清时间。当然现在不再需要钟楼了，因为人人都用手机或手表来看时间。

钟楼一般都是四面的，好让四面八方的人都能看清楚时间。下面是一个关于奇怪的钟楼的故事。

在怀表普及之前，人们出门在外是不知道时间的，于是欧美的许多城镇都建造了钟楼，以方便四面八方的市民看时间。在美国东北部的一个小镇有一座古怪的钟楼，钟楼的四个面中只有三个面显示时间——其中的一面没有安放钟面。

钟楼的主要成本在于建造楼身，增加一个钟面的边际成本很低，为何建造者不在四个面上都放上钟面呢？

原来，当地的钟楼是市民用自愿捐款的方式来建造的，该镇中有一个富翁拒绝为修建钟楼捐款，所以小镇的官员决定不在钟楼朝向这个富翁住所的一面放置钟面。

　　这位吝啬富翁的行为在经济学上被称为搭便车。

　　搭便车是获得一种物品的收益但避开为此支付成本的行为。比如，邻居过年买了昂贵的烟花在家门口燃放，你不花一分钱在边上看，也享受了这些烟花带来的喜悦，这就是搭便车。

　　很多大学的男生宿舍乱得像狗窝，哪位男生都不愿动手收拾。某一天其中一个男生的女友要来宿舍参观，这位男生不得不把宿舍里里外外打扫一遍，其他人就搭便车了。

　　有些搭便车并没有损害别人的利益，比如看烟花，但建钟楼这件事，如果你搭了便车，那就相当于别人要多掏钱，于是小镇官员宁可让钟楼的一面空着。

　　在中国家喻户晓的故事"三个和尚没水喝"，讲的就是这个道理。每个和尚都想着偷懒，指望别人去挑水，自己搭便车，最后导致谁都没水喝。

■ 产权：为什么说铁丝网改变了美国

1867 年，美国人约瑟夫·格利登因发明了带刺铁丝网而获得专利。格利登宣传说他的铁丝网"轻如鸿毛、坚如磐石，物超所值"。

早年格利登在一个牧场里当牧羊童，他很好学，常常一边放羊一边看书。当他埋头读书时，羊群经常撞倒用木桩和铁丝围成的栅栏，跑到附近田里偷吃庄稼。牧场主对此十分恼怒，格利登经过观察发现，羊很少跨越长满尖刺的蔷薇围墙。于是，格利登就用细铁丝做成带刺的网，这种铁丝网一面世就大受欢迎。

1862 年，林肯总统签署了《宅地法》。该法规定，任何公民都可以在美国西部地区认领高达 160 英亩^① 的土地，只要保证在这块土地上居住和工作满 5 年。

这件事说起来容易，但西部大草原广阔无边，牛群常常践踏庄稼，而建造围栏又缺少木料。缺乏围栏让大家怨声载道。美国农业部于 1870 年进行了一项研究并得出结论，除非某项技术能奏效，否则人们不可能在美国西部安顿下来。

当时各种新型围栏技术层出不穷，唯有带刺的铁丝网在这次

---

① 1 英亩 ≈ 4046.86 平方米。

技术风暴中脱颖而出。格利登在获得专利的那一年，只生产了 32 英里 ① 的铁丝网。1880 年，铁丝网的产量达到了 263000 英里，足足可以绕地球 10 周。

带刺的铁丝网在百年后被认为是"改变世界面貌的七项专利之一"，甚至是"对世界版图影响最大的发明"，这背后的意义就是"产权"。

产权是指合法财产的所有权，这种所有权表现为对财产的占有、使用、收益、处分。正因为利用铁丝网可以明确产权，人们才有动力在自己的土地上勤奋劳动。有了产权的保护，人们才有动力发明蒸汽机、电灯、电话、飞机、汽车等。

---

① 1 英里 ≈ 1.61 千米。

▨ 公共品：超人保护地球该不该收费

假使有坏人安置了超级核弹，要毁灭地球，这个时候超人出手拯救了地球，那么超人可不可以为他的行为收费呢?

同样，当海王阻止海洋污染时，当蝙蝠侠把坏人从街头带走时，当复仇者联盟阻止灭霸毁灭地球时，他们是否可以收取费用?

这个时候，我们就必须了解一个经济学的概念——公共品。公共品是与私人物品相对应的概念，它有两个重要特征。

第一个特征就是无排他性。也就是说，即使你不付钱，卖家也不能阻止你消费。最典型的公共品如海上的灯塔，即使你没有付钱，也可以受到灯塔的指引而避开暗礁。当超人拆了核弹，地球上的每个人处境都变好了，并没有哪个人被排除在外。

第二个特征是具有非竞争性，这意味着有很多人可以同时享用该物品，却不会有任何人失去任何好处。当超级英雄击败了企图毁灭地球的银河恶霸时，所有的人都得到保护，并没有人因此失去什么。

因此，超人、蝙蝠侠这些超级英雄提供的是公共品，所有人都可以免费受益于他们的善举。

超级英雄利用自己的超能力去赚钱是不可能的事情。假如他们为了拆除核弹这件事讨价还价，在摩天大楼就要倒塌的时候坐地起价，那么和坏人有什么区别? 如果保护地球要收费，那么超级英雄就和街头收保护费的小混混没什么区别。

因为他们是超级英雄，所以这些是他们必须做的，这也是他们与生俱来的责任，"能力越大，责任也越大"，逃避责任会让他们觉得可耻。

当然，超人也有自己的正当职业——记者。如果他在采访中运用了超能力，使他成为比别人更出色的记者，这倒是无可厚非的。

公有地悲剧：西伯利亚鲟鱼去了哪里

美国经济学家罗伯特·弗兰克讲过一个故事。

里海的鱼子酱全球闻名，其中最罕见也最珍贵的鱼子酱，来自西伯利亚鲟鱼。一直以来，西伯利亚鲟鱼做的鱼子酱是所有食客追求的顶级美食，虽然昂贵，但市场上也能买到。

从 1990 年开始，苏联的各加盟共和国陆续独立，这种鱼子酱供应量开始锐减，价格飙升，极难买到。这到底是怎么回事呢？

和里海接壤的国家原来只有苏联和伊朗，两国紧紧地控制着里海的商业活动。它们共同立法，禁止捕捞较小的鲟鱼。20 世纪 90 年代后，与里海接壤的国家变成了伊朗和另外 4 个国家：俄罗斯、哈萨克斯坦、土库曼斯坦和阿塞拜疆。这些国家的政府无力再维持严格的管制。各国的捕鱼人意识到，过去的做法在经济上行不通了，即使他们不捕捞鲟鱼，也会有其他人去捕。于是不管鲟鱼大小，他们皆要捕之。这就导致里海的鲟鱼被过度捕捞，鲟鱼产量急剧下滑。

捕捞鲟鱼的问题其实就是公有地悲剧。

公有地悲剧是指公共资源被过度开发而导致市场失灵的现象。它是由美国学者哈丁在 1968 年提出的经济学概念，哈丁通过一个假设场景来解释这一概念：在一块公共草地上，由一群牧羊人共同放牧，每个牧羊人都希望自己的收益最大化，因此会尽量扩大自己的羊群。尽管每个人都明白草地承载的羊的数量是有限的，但作为理性人，没有人愿意自觉减少羊的数量。最终结果是草地被过度使用，成了不毛之地。

■ 科斯定理：广场舞噪声问题有办法解决吗

我家旁边有一个小区广场，每天晚上喇叭震耳欲聋。别说是看书学习，哪怕没事待着也受不了。附近居民反映多次，但每次都不了了之。协商之后声音会变小几天，很快又恢复原状，用这些大妈的话说，声音不大不够带劲啊。

广场舞大妈和居民的噪声之争变成了一场旷日持久的"战争"。新闻上报道，一些地方的类似"战争"不断升级，有切断电源阻止大妈跳广场舞的，有扔水袋进行"轰炸"的。温州某小区 600 多位住户甚至凑了 26 万元，买了一套"远程定向强声扩音系统"，一旦大妈们开始跳舞，就循环播放警报声和提醒语音，把大妈们赶回家……

广场舞扰民问题已经上升到了法律层面，我国还通过了《中华人民共和国噪声污染防治法》，针对广场舞噪声扰民等问题作出了规定。事实上，广场舞噪声扰民依然是执法难点，因为这是人民内部矛盾，警察叔叔只能和颜悦色地和老人家们商量：阿姨们能不能把音响的声音调小点儿？通常警察一走，音响照放不误。

1991 年诺贝尔经济学奖的获得者罗纳德·科斯为解决此类问题提供了思路。以科斯命名的"科斯定理"我们可以简单理解为：当人们处理一件事情时，如果交易中需要付出的代价太大，人们可能会考虑采用交易费用较低的替代方法，甚至放弃原有的想法。

按照科斯的理论，是大家在空间位置上的相邻以及各自活动、生活的特殊性，才制造了这个大家必须解决的相互性问题。既然大家都有解决这个问题的意图，那就存在商量的空间。

居民为此搬家的成本太高，大妈换个地方跳舞的成本相对偏低。所以居民和政府应该一起想办法，找个合适的地方，让老年人有个更好的地方跳舞。这样一来，老年人们既锻炼了身体，音响声又不扰民。

■ 公平：可口可乐的创新为何失败

可口可乐的营销一直很成功。"二战"期间，可口可乐公司不惜血本，让美国大兵能以低价喝到其生产的汽水。可口可乐瓶子的造型特殊，欧洲的老百姓不必凑近看就知道美国大兵在喝什么，就这样可口可乐公司迅速打开了欧洲市场。

然而可口可乐也有失败之举。该公司曾经研发过一种特殊的自动售卖机，这种机器安装了温度传感器和微电路，天气炎热时就会自动提高可乐价格。可口可乐首席执行官道格拉斯说："价格提高一点儿是天经地义的事，这个机器只不过是把天经地义的事情变得自动化而已。"

新型自动售卖机的概念一经公布，立刻引发消费者强烈抗议甚至是咆哮。为了平息众怒，可口可乐公司不得不声明取消这种机器的研发。

可口可乐的创新之举为何会失败？

答案就是不公平。经济学中有个"热炉法则"，即不管谁碰到热炉都会被灼伤的公平性原则。对公平的追求来源于人类的天性，只有公平的制度才可能得到大家的认可及拥护。

可口可乐的自动售卖机忽略了消费者的感受，当口干舌燥的消费者在三伏天冲到自动售卖机前，发现可乐涨价了，消费者会觉得这是趁机涨价，这么做非常不公平。

公平在市场中非常重要。市场交易很像在市场参与者之间分割一块蛋糕。效率问题是能不能尽量把蛋糕做大，平等问题是能不能公平地分割蛋糕。从人性的角度来说，公平常常比效率还重要，所以中国古代哲人就说过"不患寡而患不均"。

成本收益分析：一条命值多少钱

1978 年 8 月 10 日，一辆福特产平托（Pinto）汽车的车尾在印第安纳州公路上被撞，导致油箱爆炸，车上的三名少女当场死亡。平托车自 1971 年问世以来，发生了近 50 起车尾被撞爆炸的事件，许多受害者在车内被焚烧致死或重伤。

事实上，福特公司早已发现平托汽车的设计缺陷。然而，福特管理层却进行了一场生命与金钱的计算。福特估算，平托汽车设计缺陷可能导致 180 人死亡和 180 人烧伤，外加 2100 辆车被烧毁。按照当时的赔偿标准，福特公司需要平均赔付每个死亡者 20 万美元、每个烧伤者 6.7 万美元，再加上烧毁的平托汽车，福特公司预计需要付出总计 4950 万美元。

那么纠正这个错误得花费多少钱呢？福特公司计算，如果将 1250 万辆平托汽车全部召回增加安全装置（每个仅需 11 美元），将需要 1.375 亿美元。经过这番成本收益分析之后，福特公司认为不对汽车进行改良的成本更低，于是舍弃了安全性。

　　成本收益分析是指以货币单位为基础对投入与产出进行估算和衡量的方法。成本收益分析方法的前提假设是经济主体追求效用的最大化。从事经济活动的主体，从追求利润最大化出发，总会力图用最小的成本获取最大的收益。在经济活动中，人们之所以要进行成本收益分析，就是要以最少的投入获得最大的收益。

　　那么，福特公司在平托汽车这件事上没有错吗？它可是严格按照成本分析结果来解决问题的。

　　当然不是，福特公司这样的做法，其实就是企业为了追逐高额利润而不顾人的生命安危，而悲剧明明是可以避免的。在这个事件中，福特也受到了教训，公司虽然精心计算了成本和预计死亡人数，却漏掉了另一项更重要的成本：声誉。其结果也给企业带来了远超预计的损失。

第七章

激　励

▨ 外在激励：砸钱能提高孩子的成绩吗

美国经济学家尤里·格尼茨和约翰·李斯特一直在考虑一个问题：怎样改善孩子的学习成绩？和教育专家不同，两位经济学家想到的是一个离经叛道的办法——拿钱奖励孩子。

两位经济学家说服了有关部门让他们试一试。不过值得一提的是，经济学家开展试验的地方是美国一个学区，这里的孩子学习成绩差，家庭状况也不好。

在进行试验的学校，老师对学生们说，如果他们的成绩提高到目标水平，那么每个月可以拿到 50 美元的奖金。经济学家还设置了大奖，如果达到某种程度的进步，学生还可以拿到 500 美元的现金和一张巨额的模拟支票。

最让人叫绝的是得大奖的孩子将坐着由专人驾驶的加长悍马轿车回家，这种高级轿车配备了真皮座椅、游戏机和冰箱，而孩子们只在电视上见过这些。

大约过了一年，经济学家开始统计他们的试验成果。在试验组的 400 名学生中，有 50 名辍学可能性很大的学生在激励机制下达到了学业标准，他们的学业成绩平均提高了 40%。

更让经济学家倍感欣慰的是，在试验结束后，也就是不再发钱奖励时，试验组的那些学生成绩仍然明显超过对照组的学生。

我们在"经济学原理四"中已经讲过，人们会对激励做出反应。我们最常见的激励就是金钱激励，这也是外在激励的一种。"外在激励"是指除工作本身带来的激励以外的奖赏，包括报酬的增加、职务的提升等。比如，老板开出加薪升职的条件，对员工来说就是外在激励。

不过经济学家同时也认为，金钱激励是把双刃剑，使用时要非常慎重。对需要钱的穷孩子，这种激励机制可能很管用，对什么都不缺的富孩子就未必起作用。

■ 内在激励：孩子做家务该不该给奖金

美国乔治·梅森大学的经济学教授泰勒·考文曾经讲过一

个脏盘子的故事：如果你家厨房水槽里堆满了脏盘子，你要求孩子清理，这件事能让他留意到自己的职责以及满足家人期望的需要。他会想，他所做的事对家庭有意义，他是个贡献者。他还会认为你是家庭的领导者并尊敬你，也会对你表现出一定程度的服从。

一旦你因为孩子清理了盘子而奖励给他零花钱，就是另一回事了。他会对自己说："洗刷盘子只不过是为了得到钱。"他很可能感觉不到自己在这件事情上的责任，父母变成了老板，而不是应得到孩子忠诚的人。这不过是一种市场关系。

前面讲了包括金钱激励在内的外在激励，与之相对应的就是内在激励。内在激励是指工作本身带给人的激励，包括工作本身的趣味，让人有责任感、成就感等，使人产生一种发自内心的积极进取的力量。与外在激励相比，内在激励具有更稳定、更持久、更强烈的效果。

很多父母愿意让孩子通过劳动获得零花钱，这些父母觉得家庭宽裕，也乐于让孩子劳动，因为他们觉得向孩子灌输"钱不会从树上长出来"这一观念非常重要。

这样做有利有弊。在孩子长大成人的过程中，靠自己的劳动和学习得到零用钱促进了他们经济独立的能力，人只有对自己的赚钱能力有信心才能走上经济独立之路；而一旦家长把家务活或者学习成绩和金钱挂钩，就会大大削弱孩子的责任感，让孩子觉得这些都不是他们自己的事情。

长期激励：李尔王在哪件事上做错了

在莎士比亚的戏剧《李尔王》中，李尔王觉得自己老了，想把国家交给孩子们管理，自己好享享清福。他把三个女儿叫到跟前，想看看她们中谁最爱自己，然后根据她们对自己感情的深浅来分别赐予她们每人一份财产。正直的小女儿因为不愿意说那些肉麻的话而没有分到财产，两个不孝的女儿却得到了整个国家，并且很快把失去权力的父亲当作累赘赶了出去。

李尔王究竟犯了什么错误让他晚年如此悲惨？1992年诺贝尔经济学奖得主、美国经济学家贝克尔的理论也许能够给出解释：一切的悲剧并不是什么天意，或许只是来自这个国王的经济学错误。

贝克尔的《家庭论》被誉为划时代的著作。在这本书中，他运用经济学的研究方法，对家庭生活中的方方面面进行了分析。在这本书中贝克尔提出了"罗登·凯德定理"（也称"坏小孩定理"）。

"罗登·凯德定理"是指为人父母者对于子女都具有利他心，都会为子女的利益和幸福着想，不过子女中却常有自私自利者（坏小孩）。这些坏小孩也会努力使整个家庭的总收入增加。因为父母会将好处分给众子女，所以为了自身利益，这些坏小孩也会表现得像乖小孩一样。

"罗登·凯德定理"同时解释了为什么一些父母的捐赠要推迟到暮年才进行。因为考虑到整个家庭的利益，他们希望自己的财产能给孩子提供一种长期激励（虽然迟早都是他们的）。长期激励是为提高长期绩效而采取的一种报酬方式，通常用于高层管理人员和组织的核心员工，鼓励其与组织共同奋斗。家庭如同一个企业，在分到财产前，那些坏小孩会为了总体的利益站在父母一边。

可见，即便是秉持利他主义的父母，也应该把财产保留到最后一刻，就算是遗产税比捐赠税高得多，而李尔王的悲剧就是过早地把所有的财产交给了坏小孩们导致的。

▨ 逆向激励：印度眼镜蛇为什么会越捕越多

在英国殖民时代的印度德里，市民饱受眼镜蛇肆虐之苦，英国管理者觉得有必要解决这个问题，于是颁布了以眼镜蛇皮换钱的法令，鼓励民众捕杀它们。一开始，这个方法奏效了，人们到处猎杀眼镜蛇，眼镜蛇的数量大大减少。

但是没过多久，丰厚的赏金催生出一门新生意，印度人开始饲养眼镜蛇并将它们宰杀以换取赏金。管理者赶紧叫停了这个悬赏法令，于是那些眼镜蛇的养殖者便做了件自然而然的事，那就是把饲养的眼镜蛇放生了。这样一来，德里眼镜蛇的数量比法令颁布之前更多了。

激励起到的是反作用，这类现象就被称为"眼镜蛇效应"。该术语用于形容政治和经济政策下错误的刺激机制。这也是经济学中常常提到的"逆向激励"：当我们着手去做一件事情时，采用的激励方法可能会产生与预期不同的效果。在政策领域，这称为"意外后果定律"。

尽管一项法令让毒蛇数量大增是个极端的例子，但类似的现象却非常普遍。

20 世纪 90 年代，墨西哥为了治理拥堵和抑制空气污染，开始实行按照汽车牌照末尾数字在高峰时段限行的办法。然而，很多人不愿受到这项规定限制，于是那些有经济条件的家庭又买了一辆二手车。这样，他们就能在任意一天开车上路。如此一来，公路上的旧汽车比例上升了，尾气排放的情况比新法规出台前更糟糕。

在克林顿执政时期，美国政府要求航空公司在飞机上装有供小孩使用的安全座椅，因为孩子是"机舱里最贵重的东西"。这是一个完全善意的要求，结果却大出所料。因为使用一个安全座椅其实是要求家庭额外购买一个飞机座位，所以有些家庭宁可选择坐汽车旅行，也不愿坐飞机，而汽车的事故率远高于飞机。

▓ 伊斯特林悖论：金钱一定能带来幸福吗

在电影《抓娃娃》中，马继业家境贫寒，不过他不知道的是，他有个拥有亿万家产的爸爸等着他继承家业。很多人也梦想有亿万家产等着自己继承，那么就有一个问题：金钱一定能给人带来幸福吗？

数百万的海外移民认为，富裕国家的人们通常比贫穷国家的人民更幸福。因此，即便是富裕国家在边境修建起了高高的围墙，他们还是想方设法移民。然而，最新的调查研究显示了截然相反的结论，即移民到更富的国家却让他们感到沮丧。类似的调查还显示，迁移至城市的农民更加富有了，但是他们对自己的收入比以前在农村时更加感到沮丧。

2002 年诺贝尔经济学奖得主丹尼尔·卡纳曼在《国家自然科学院学报》上发表了一篇研究报告。通过研究 50 万美国人对问卷的答复，他对幸福标准进行了考量，结果发现：生活满意度与金钱有关；而如果年收入超过 7.5 万美元，金钱就不会对改善人们的情绪、增加人们的幸福感有多大作用。

早在 1974 年，南加州大学的经济学家理查德·伊斯特林就对"收入的多少决定幸福感的高低"的经济学信条产生了怀疑，他针对 1946—1991 年的国民收入和幸福感的关系进行了调查，发现在个人收入急速增长的 70 年代，国民的幸福感反而出现了下降。

理查德·伊斯特林发现，超过一个相对较低的阈值，更多的金钱不会使人更幸福。这种现象也叫作"伊斯特林悖论"。

我们总是以为金钱能买到一切，包括年轻、自尊、友谊和爱情，但事实并非如此，烦恼也会随之而来。金钱并不一定能带来幸福，一旦你有了能够满足基本需求的金钱，额外的金钱所能带来的幸福感，就不会如你想象的那么大了。

■ 新起点效应：新年计划为何总是落空

我有空的时候会去健身，时间长了发现一个现象：在五天工作日中周一健身的人是最多的。

对此我自己的理解是：双休日人们要么吃得太多，要么因睡得太久而感到内疚，所以到了周一赶紧来健身。不过经济学家有着更合理的解释。

沃顿商学院的几位专家也注意到这个现象，他们发现，人们到了一个"时间里程碑"的时候才会去实现他们所谓的目标，比如开始节食或去健身房锻炼。他们把这种现象称为"新起点效应"，这种效应力量巨大。

一年之中的"新起点"除了新年第一天，还会出现在一些标志性时间点，比如生日、新学期开始，甚至是每周一。研究人员发现，在这些新起点上，人们会更加频繁地去做某件事。

33.4%的美国大学生会在每周的第一天去锻炼身体，而47.1%的美国大学生会在新学期的第一天这么做。在庆祝生日后的次日，人们去健身房的概率也会增加7.5%。同时，人们更可能在生日的后一个月而不是前一个月去健身房。

研究者还分析了谷歌上以"节食"为关键词的搜索结果。研究人员发现，对"节食"一词的搜索在周一、月初和年初最为频繁；实际上，在一周、一个月、一年中，对这个词的日搜索量都是随时间逐渐递减的。

研究人员解释说："我们都想成为更好的自己，但总是存在自我约束的问题。我们会对自己说，今天时机不好，明天更好一些。然而，我们能够用来达成目标的机会就那么多，我们必须抓住机会，促使自己做出重要改变，提高自己的生活质量。"

因此，做出改变的最好时机，不是生日，不是周一，也不是新年或新学期的第一天，而是当下。

第八章

博　弈

▨ 零和博弈：武松醉打蒋门神为哪般

在小说《水浒传》中，武松被发配到了孟州牢城营，和老管营之子金眼彪施恩结成兄弟。

施恩向武松说了快活林的事情。原来施恩在快活林开着一家酒楼，偶尔还收点保护费，每月有二三百两银子进账。这门生意被张团练看上，他带着一个打手蒋门神将施恩打伤，并抢了快活林的生意。

武松听后勃然大怒，要替施恩打抱不平，于是有了醉打蒋门神这一幕。最后，蒋门神跪地求饶，武松让他立刻交还酒楼，再也不准出现在孟州。

快活林的酒楼只能归属一个人，要么属于施恩，要么属于张团练。此前，张团练强占酒楼，施恩被一脚踢出。此时，武松从蒋门神手中夺回酒楼，而张团练只能两手空空。

这样的局面在博弈论中被称为"零和博弈"，在这样的博弈中两人的得失总和为零。典型的例子就是下棋，要么一方胜一方败，要么两方和棋，不可能形成两方同时获胜的局面。

张团练和蒋门神自然不死心，想置武松于死地，从施恩手中再次抢回酒楼。于是博弈继续，只是他们低估了武松的本领，最后才有了"血溅鸳鸯楼"，他们还搭上了性命。

在作家刘震云的小说《新兵连》中也有这样一个故事。新兵们都希望能成为骨干，这是个人进步的第一步。可连里有规定，一个班只能有三个骨干。为了争取到骨干名额，大家都积极表现，早晨起来抢扫帚打扫。随之人与人之间的关系也变得紧张起来，因为新兵连里一个班只有一把扫帚，你抢到了、"进步了"，别人就相对"落后了"。

大伙儿无法一块儿进步，一个人抢了扫帚，表现得积极，另外的人就没有机会表现。大家心里都很紧张，结果一到五更天就睡不着了，起床号一响就要去抢扫帚。

■ 囚徒困境：钢铁侠为什么和美国队长打起来

电影《美国队长3：内战》中，超级英雄们在一次行动中出现了意外，导致很多无辜者丧生。这引发了一场关于是否应该接受政府推行的超级英雄注册法案的争论，美国队长和钢铁侠也由此产生了严重的分歧。

美国队长认为，这个法案让超级英雄成为政府控制的傀儡，他不想让别人命令他如何去保护民众，而钢铁侠则认为，签署协议可以避免更多的伤亡，同时可以让超级英雄们的行为更加合法和规范。

此时，美国队长和钢铁侠遇到的问题就是"囚徒困境"。

"囚徒困境"是这样的：两个罪犯作案后被警察抓住，并被隔离审讯。警方的政策是"坦白从宽，抗拒从严"。如果两人都坦白则各判 5 年；如果一人坦白而另一人不坦白，坦白的放出去，不坦白的判 10 年；如果两人都不坦白，则因证据不足各判 1 年。两人到底会选择哪一个策略？对于一个罪犯来说，无论对方如何选择，他的最优策略是坦白。然而，在此博弈中，两人都不坦白才是最优选择。"囚徒困境"反映了个人最佳选择并非团体最佳选择。

钢铁侠和美国队长曾经尝试对话，和解是最好的结果，相当于"囚徒困境"中两个罪犯都不坦白，但两人的对话最终以失败告终。

事情发展到最坏的地步，就是彼此都不让步，复仇者联盟也分为了两个阵营，爆发了大规模的冲突，超级英雄们陷入内战。钢铁侠和美国队长展开了一场你死我活的打斗，激烈程度让人震惊。这就相当于两个罪犯同时"坦白"，双方都受到很大伤害。

故事的最后，美国队长给钢铁侠寄去了道歉信，双方终于和解了，他们重回"囚徒困境"的最优解。

■ 以牙还牙：一颗哑弹是如何"旅行"的

英国作家乔治·奥威尔曾参加过西班牙内战（1936 — 1939年），他在《向加泰罗尼亚致敬》一书中讲述了一件战场上发生的趣事：交战的双方常常互扔不会爆炸的哑弹，有一发炮弹居然还刻着"1917"的字样，简直可以作为古董收藏。最夸张的事情是，有发哑弹你打来，我修补一下再打回去，你再修一下打回来，我再修一修，打回去……就这样，这发哑弹每天在阵地上方飞翔且从不爆炸，以至于最后作战双方都认识了这颗每天来回"旅行"的哑弹。

密西根大学的经济学教授罗伯特·埃克斯罗德对此类现象进行了深入研究，他发现在多轮囚徒困境博弈中，以牙还牙是最有效的策略，也就是别人怎么对你，你也怎么对别人（你给我吃哑弹，我也给你吃哑弹）。

以牙还牙的条件是有稳定的参与者，要与对方反复打交道。最典型的例子就是"一战"中的堑壕战。在很多战场，双方趴在战壕里对峙时间长达数月，他们势均力敌，都不能击败对方。于是他们面临两种选择，要么狠狠地打，双方都承受惨重伤亡，要么大家睁一只眼、闭一只眼，互相放水。

历史学家托尼·阿什沃在其著作中这样描述"一战"中英军和德军对垒：巡逻的英国人和德国人达成了默契，要是出现碰面的机会，两方都不发起进攻，而是掉头装作没有看到对方；假如上级要求发起进攻，两方则佯攻一下敷衍了事；即便是轰炸也是在一天特定的时间，避开对方薄弱的环节。

想象一下这有趣的一幕，双方士兵在路上相遇，要么当对方是透明人，要么互相打个招呼："嗨，哥们，最近机关枪还好使吗？""还行，你的呢？天气不大好要多上点儿油啊。"

■ 策略行动：广播公司如何帮人减肥

美国广播公司在黄金时段推出过一档节目，是关于减肥的。

减肥是件困难的事情。30% 的人甚至坚持不了 2 个月，只有20% 的人能坚持 6 个月或 6 个月以上。人们把减肥失败归咎于多种原因：给自己定的目标太高，自己没有足够的时间，等等。但是最重要的原因是大多数人无法抵制诱惑（比如美食）。

美国广播公司的方法比较特别，该公司试图通过参与者的羞耻感来起到促进减肥的作用。参与者必须签下协议，超胖的女性参与者必须同意只穿一件比基尼来拍照。接下来的两个月，所有未能成功减重 15 磅①的人，她们的照片都会在电视台公开亮相，并被放在该节目的网站上。

经济学家把这种行为归为"策略行动"，也就是改变博弈方法，以确保参与者采取的行动能得到更好的结果。

① 1 磅 ≈ 0.454 千克。

在美国广播公司的那个节目中，减肥者在和未来的自己博弈，今天的自己想让未来的自己节食和运动，而未来的自己想吃雪糕和看电影。大多数时候，总是未来的自己获胜，因为人们总是在最后才行动，那时悔之晚矣。

解决这一问题唯一的办法是，改变对未来自己的激励，从而改变自己的行为。虽然过度饮食的诱惑仍然存在，但令人羞耻的曝光可能性阻断了这种诱惑。避免这种让人羞耻的曝光，就成了另一种强有力的激励。

最后，除一个人外，减肥节目的其他参与者都减掉了 15 磅以上。

■ 后动优势：跟随者如何成为胜利者

1983 年，美洲杯帆船决赛前 4 轮结束后，美国帆船运动员康纳的"自由号"在这项共有 7 轮比赛的重要赛事中暂时以 3 胜 1 负的成绩排在首位。美国人旁落 132 年之久的奖杯眼看就要收入囊中。

比赛一开始，竞争对手"澳大利亚二号"由于抢在发令枪响之前起步，不得不退回到起点线后再次起步，这使"自由号"获得了 37 秒的优势。澳大利亚队把船转到赛道左边，他们希望风向发生变化，可以帮助他们赶上去，而"自由号"仍然留在赛道右边。

风向终于发生了有利于澳大利亚人的变化，"澳大利亚二号"以 1 分 47 秒的巨大优势赢得这轮比赛。赛后，人们纷纷批评康纳，说他策略失败，没能跟随澳大利亚队调整航向。

这里，就要说到"后动优势"。后动优势是指相对于先进入某一行业的企业，后进入者由于进入较晚而获得的先进入的企业不具有的竞争优势。后进入者可以通过观察先进入者的行动及其效果来减少自身面临的不确定性，从而采取相应行动，获得更多的市场份额。

帆船比赛给我们提供了一个观察后动优势的一个很有意思的反例。成绩领先的帆船，通常会照搬尾随船只的策略。一旦尾随的船只改变航向，那么成绩领先的船只也会照做不误。实际上，即便成绩落后的尾随船只采用一种显然非常低劣的策略时，成绩领先的船只也会照样模仿。之所以会这样，是因为帆船比赛中以什么样的成绩取胜并不重要，重要的是比对手好一点点就可以。

■ 纳什均衡："石头剪刀布"游戏有什么秘密

在电影《非诚勿扰》中，葛优用 200 万美元卖给了范伟一件跨世纪的发明——分歧终端器：在一个密闭的桶中，通过"石头剪刀布"的游戏来解决各种矛盾。这果然是"高科技"。

在现实生活中，用这种方式来解决分歧的还真不少。2005年，一名藏家想拍卖一幅印象派大师的画作，克里斯蒂拍卖行和苏富比拍卖行都想获得拍卖权，这让藏家左右为难，最后他让这两家拍卖行以"石头剪刀布"来决出胜负。2006 年，美国佛罗里达州坦帕市法院的法官审理了一起保险理赔案件。双方代理律师没能就在何处听证人做证达成一致意见，吵得不可开交。法官不胜其烦，于是突发奇想，让双方律师用"石头剪刀布"来摆平此事。

生活中，我们常用"石头剪刀布"的猜拳游戏来决定谁干家务或者谁去跑腿儿，但是，你是否思考过，当你一轮一轮地进行游戏时到底会发生什么？

起初，你可能处于上风，然而，随后你的对手可能会让游戏转向对他有利的一面。随着游戏的进行，你们实施着各自的策略，比如连续三次出"剪刀"或"石头"，直到最终所有玩家似乎都不能通过改善个人策略而获得更多的胜利。

早在 1950 年，数学家约翰·纳什就向我们证明，在任何拥有有限参与者和有限策略的游戏（例如"石头剪刀布"）中，总是存在这样的混合策略，使在该策略下没有任何参与者可以通过仅改变自身策略而提高收益。

后来，这种稳定的策略组合被人们称为"纳什均衡"。它不仅促进了传统的博弈论领域的革新，改变了经济学的进程，也改进了人们在政治条约、网络交通等诸多方面的研究分析方法，而纳什也因此获得了 1994 年诺贝尔经济学奖。

▓ 猎鹿博弈：看电影引发的小矛盾该怎么处理

有一对小夫妻，想在星期天晚上一起去看一部电影，但是两人的偏好不同，男的喜欢看劲爆的《速度与激情》，而他的太太则喜欢看文艺片《爱乐之城》。那么该如何处理这样的矛盾呢？

在博弈论中有一种博弈被称为"猎鹿博弈"。

"猎鹿博弈"源自法国启蒙思想家卢梭的著作《论人类不平等的起源和基础》中的一个故事。在猎鹿博弈中，两个猎人的猎物是鹿和兔子，他们不知道对方会选择什么猎物。如果两人合力捕鹿，他们就能成功，两人都能吃饱。一旦某个猎人在猎鹿过程中将目标换成兔，问题就产生了。如果两人都选择以兔为猎物，两人不合作也能成功，但猎兔的收益比猎鹿小。

如果一个猎人去追逐兔，就没有足够的猎人去猎鹿，在这种情况下，每个人最好的选择就是去猎兔。当且仅当一个猎人确定另一个人会猎鹿的时候，他最优的策略才是猎鹿。

在猎鹿博弈中，两个参与者的利益是完全一致的，他们更愿意针对选择哪一个猎物达成均衡解。唯一的问题是，他们怎样才能使他们关于猎物的选择保持一致。

虽然夫妻两人的观影口味相差很大，但是有一点他们都承认，他们更愿意与对方一起去看一部电影，而不是各自单独看喜欢的电影。

因此，最好的办法是在做出决策前进行良好的沟通。

比如小两口完全可以互相协商，当妻子恳求说，《爱乐之城》马上要下线了，如果不看，下周咱们就看不到了，丈夫很可能就会同意妻子的要求。

经济学家还指出，如果博弈可以重复进行，博弈双方就更有可能妥协。例如，夫妻可以约定轮流选择各自爱看的电影。

▇ 懦夫博弈：谁会先按下核按钮

1962 年苏联在赫鲁晓夫的领导下，开始在古巴部署核导弹，那里距离美国本土只有约 90 英里。美国的侦察机带回了在建导弹基地的照片，当时的肯尼迪总统宣布要对古巴实施海上封锁。

这次危机很有可能升级为超级大国之间的一场核战争。肯尼迪本人估计，发生这种情况的可能性"介于 1/3 和 1/2 之间"。经过几天紧张的公开表态和秘密谈判，赫鲁晓夫最终下令拆除苏联在古巴装备的导弹，并且装运回国。

这场危机虽然仅仅持续了 13 天，但苏美双方都在核按钮旁徘徊，使人类空前地接近核战争，世界处于危局之中。

从经济学角度看，这场危机是一次"懦夫博弈"。

懦夫博弈也称"斗鸡博弈"，描述了两个强者在对抗冲突的时候，如何能让自己占据优势，获得最大收益。懦夫博弈中的参与双方处在力量均等、针锋相对的局势中。这就如当年的美苏都是超级大国，都有足够的核力量毁灭对方。

要想在这样的博弈中取胜，就要在气势上压倒对方，至少要显示出破釜沉舟、背水一战的决心，以迫使对方退却。当时的美国在 68 个空军中队和 8 艘航空母舰护卫下，出动了由 90 艘军舰组成的庞大舰队，装载核弹头的导弹在发射台上听候指令。同时，美国还集结了第二次世界大战后最庞大的登陆部队准备作战。

美国摆出了不惜一战的架势，最后一刻，赫鲁晓夫妥协了。

懦夫博弈还强调，如何在博弈中采用妥协的方式获得利益。如果进的一方同意给退让的一方以补偿，只要这种补偿与损失相当，就会有愿意退让者。在古巴导弹危机中，美国也做了一些妥协，包括最终从土耳其撤走美国导弹。

第九章

信　息

▦ 柠檬市场：二手车为什么卖不上价钱

最近看到一则新闻，有一个人花了 215 万元买了一辆全新的迈巴赫汽车，仅仅开了 10 天，他便想把车卖掉。车行给他开出的价格是 135 万元到 150 万元，这个人最多可能损失 80 万元。

1970 年，诺贝尔经济学奖获得者乔治·阿克洛夫发表了论文《柠檬市场：质量的不确定性和市场机制》，"柠檬"在美国俚语中有"次品"的意思。阿克洛夫通过对美国二手汽车市场的分析发现，哪怕只用过一天的新车到了二手车市场上，其价格也会极度缩水，为何会如此呢？

假设二手车市场中好车与坏车（也就是"柠檬"）并存，二手车市场的特性是卖方（经销商或原车主）知道自己的车是好车还是坏车，但买方在买卖交易时无法分辨。

在买方无法确定车子的好坏时，卖方知道，无论自己手中的车是好还是坏，宣称自己的车是"好车"一定是最好的策略，但消费者真的会以好车的价格向卖方买车吗？

消费者因为无法分辨哪辆车好、哪辆车坏，因此只愿意出坏车的钱买车。所以，哪怕你的车真的是一辆开了没多久、一点没毛病的好车，到了二手市场也卖不出好价钱。

这就会导致另一个结果，市场上拥有好车的车主开始惜售，他们宁愿留下自用，也不愿贱卖，因此好车逐渐退出市场。当好车退出市场时，情况将会变得更糟。

我们把这样的市场称为"柠檬市场"，也就是信息不对称市场。

二手车市场最终充斥"柠檬"车，购车者因为信息披露得不完整，无法获得某辆车的完整信息，因此价格被往下压，而信息不对称又导致车主不愿意让真正没有瑕疵的车进入二手市场，这就是二手市场很难找到价格不高，质量又好的二手车的原因。

■ 反信号传递：薛宝钗为什么喜欢穿着简朴

小说《红楼梦》中这样描述贾政和王夫人的房间："靠东壁面西设着半旧的青缎靠背引枕。王夫人却坐在西边下首，亦是半旧的青缎靠背坐褥……挨炕一溜三张椅子上，也搭着半旧的弹墨椅袱。"

针对"半旧的"这三个字，脂砚斋曾批注："三字有神。此处则一色旧的，可知前正室中亦非家常之用度也。可笑近之小说中，不论何处，则曰商彝周鼎、绣幕珠帘、孔雀屏、芙蓉褥等样字眼。"这三个"半旧"也是反信号传递，透露出真正钟鼎人家和暴发户的区别。

一般来讲，人们喜爱发送自己有本事或有钱的信号，然而最有本事、最有钱的人反而不喜欢发送这种信号，这就是经济学中所谓的"反信号传递"。

"反信号传递"在生活中相当常见。有点儿小钱的人喜欢炫耀其财富，而真正的富豪却鄙视这种低俗的炫耀；底层官吏更喜欢通过炫耀权力来证明自己的地位，而真正有权力的人则通过高雅的姿态来展现自己的实力；普通朋友通过有礼貌地忽视对方的缺点来表示善意，而密友则通过"互损"对方的缺点以示亲密……

《红楼梦》第八回中这样描写薛宝钗："宝玉掀帘一迈步进去，先就看见薛宝钗坐在炕上作针线，头上挽着漆黑油光的鬏儿，蜜合色棉袄，玫瑰紫二色金银鼠比肩褂，葱黄绫棉裙，一色半新不旧，看去不觉奢华。"

　　这里，同样是"反信号传递"。薛家是皇商，她家有钱是人所共知的，因此聪明的宝钗不会通过服饰打扮来发送自己出身豪门的信号，她更在意发出其他信号。薛姨妈说："宝丫头古怪着呢，她从来不爱这些花儿粉儿的。"薛宝钗通过她简朴的服饰来传递她有内涵、有修养的信息。

▓ 难以造假原则：黑社会如何识别卧底

　　电影《无间道》讲述了警方和黑帮互相派遣卧底来获取情报的故事，那么黑社会如何识别警方派来的卧底？

　　"如果一个人在做一件事情的时候很不专心地看着另外一个人，他就是警察。"这是一个马仔临死前对梁朝伟扮演的警方卧底陈永仁说的话。曾打入黑帮的美国联邦调查局探员乔·皮斯顿曾说过："如果黑社会成员中有异常传递信息的痕迹，黑社会成员便会察觉到。"

"信号"是现代经济学中一个关键概念，是由诺贝尔经济学奖得主迈克尔·斯宾塞提出的。这种信号是区分一类人和一个有意模仿者的东西，因为这种信号代价过高，模仿者很难做到。

美国经济学家罗伯特·弗兰克说，信息经济学的核心概念就是潜在对手间的信息沟通和"难以造假原则"。"难以造假原则"是指某个信号的成本太高以至于无法造假。

为什么黑帮认为陈永仁是"自己人"？这是因为陈永仁发出的信号代价高昂，几乎无法作假。电影中是这样讲述的："说好了3年，3年之后又3年，3年之后又3年，都快10年了，老大！……再做，再做我成油尖旺老大了，到时怎么办？你抓我啊？"陈永仁曾经这样向上线重案组黄警司抱怨。然而，也正是这个快10年的时间成本，让他的警察身份无法被识别，从而使他在三合会混得如鱼得水。

牛津大学的甘贝塔教授一直利用经济学的研究工具来研究犯罪，他得出一个有趣的结论：牢狱生活提供了一个完美可信的信号。鲜有卧底警员会主动要求在监狱中度过 4 年或 5 年的时光，因此较长的刑期是难以造假的信号。

▓ 发信号：宝玉为什么送给林妹妹旧手帕

在《红楼梦》中，宝玉想向林妹妹表达心意，但是他误以为只有足够贵重的东西才可以发出自己想表达的信号，于是他把北静王赠给他的"圣上亲赐鹡鸰香念珠"送给了黛玉。

诺贝尔经济学奖获得者迈克尔·斯宾塞认为，掌握信息的一方可以用缺乏信息的一方所信任的方法传递信息。

送礼物其实就是个"发信号"的过程，所谓"发信号"是指拥有信息的一方为了获得信任而披露自己私人信息所采取的行动。

在这里，宝玉是掌握信息的一方，他知道自己对黛玉的感情，黛玉对此却有些不敢确认。然而，宝玉用了错误的方法，贵重的礼物并不足以传递自己要表达的信息，赠送圣上所赐的念珠的行为就像富二代赠送爱马仕包、法拉利跑车，并不足以让对方产生信任。于是，黛玉毫不留情地把念珠丢在地上说："什么臭男人拿过的！我不要他。"

后来有一次，宝玉被贾政打得半死。他趴在床上，让晴雯给黛玉送两块旧手帕，晴雯道："这又奇了，他要这半新不旧的两条手帕子？他又要恼了，说你打趣他。"宝玉笑道："你放心，他自然知道。"在这里，宝玉再一次通过两块旧手帕发出自己的信号。

一个人传递爱人想知道的私人信息，即"你真的爱我吗"，为对方选择一件好礼物就是一种"爱的信号"。晴雯拿着旧手绢去了潇湘馆。这一回，宝玉发对了信号。黛玉"细心搜求，思忖一时，方大悟过来"，她终于体会出手帕的意思来，不觉神驰心醉。

■ 品牌效应：人们为什么会选择知名连锁店

有一次，我和几个朋友去一个陌生的小县城游玩，到了中午吃饭时间，我们还没决定去哪里用餐。忽然，我们看到一家"麦当劳"，大家都同意去那里吃。

　　虽然我们谁都没去过这家麦当劳餐厅，但我们基本可以确定里面的情形。汉堡、薯条、可乐肯定说不上多营养美味，但食物的味道和卫生基本可以放心。餐厅通常比较干净，后厨也不会让你大吃一惊。食物不会缺斤少两，更不会出现"宰客"的现象。如果我们吃完饭再歇一会儿，店员也不会过来赶我们走……

　　如果是一家不知名的"王××"饭馆或"李××"餐厅，那么我们就要冒风险了。他家的菜可能价格高、难吃，服务可能也不好，而麦当劳餐厅里的一切，都是可以预测的。这其实就是"品牌效应"，也就是品牌为企业带来的效益和影响。

　　品牌为消费者解决了一个问题，通常产品的质量和安全性只有在你使用了它们以后才能确定，有时甚至在使用后也不能确定，那么人们如何选择产品呢？品牌效应为我们提供了解决的方法，那就是信任。信任是复杂经济运行所必需的，可以让我们相信陌生人，保护我们免受卑劣商业行为的侵犯。

我们之所以敢在老字号药店买几千元钱的野山参，就是因为它的品牌效应。同时，形成品牌效应也是一种盈利性较高的策略，它可以为企业创造更多的利润。品牌效应的形成需要时间和金钱，比如"同仁堂"，它创始于 1669 年，这其实是在说，如果同仁堂的产品质量不好，也不会存活到现在。因此，聪明的商家都会格外珍惜自己的品牌。

■ 不利条件原理：科技大佬为何要从哈佛辍学

考上哈佛大学是很多人一辈子梦寐以求的事情，然而有一些人，明明上了哈佛大学，并且成绩也不错，却毅然辍学。比如微软创始人比尔·盖茨和脸书的创始人马克·扎克伯格均从哈佛大学辍学，那么他们为什么这么做？

以色列的进化生物学家阿莫茨·扎哈维首先提出了"不利条件原理"，该理论认为动物（尤其是雄性动物）会以有意冒险的方式，使自身处于不利地位，向潜在的配偶展示自己的基因优势，从而击败竞争对手，增加成功交配的机会。

扎哈维对孔雀尾屏是这样解释的：孔雀尾屏的优势恰恰在于其本身是不利条件，有长长的尾屏是一种华而不实的体征，并非所有孔雀都有资格拥有，只有强壮、健康、聪明的孔雀才能克服沉重尾屏的拖累，敏捷、轻松自如地走动。尾屏大实际上是力量、健康和智慧的标识，可以吸引雌孔雀。雌孔雀寻觅强壮、健康、聪明的配偶，以将这些基因传给后代，从而提高其存活概率。

在人类中也同样如此，年轻人会热衷于危险系数大的赛车、潜水、跳伞或者极限运动。这些运动虽然非常危险，但也同样能说明参与者强壮、健康、聪明，而这些青年也比较容易获得女性的青睐。

同样的道理，硅谷的精英人士对自己的才能心知肚明，这时辍学便会构成优势。因为这对其来说虽是"不利条件"，却能以此向潜在的投资人发出积极的信号：他们对自己所持的理念和未来的成功坚信不疑，以至于放弃哈佛的学位带来的就业优势也在所不惜。

第十章

工　资

▨ 超级明星经济：克里斯蒂亚诺·罗纳尔多的收入为何是贝利的 200 多倍

贝利是有史以来最伟大的球员之一，他在 1958 年瑞典世界杯上惊艳亮相时才 17 岁。1960 年，桑托斯队付给他 15 万美元的年薪，这相当于当今的 110 万美元。这一收入在今天看来只能算中等水平，福布斯统计显示，2024 年克里斯蒂亚诺·罗纳尔多的总收入达到 2.6 亿美元，梅西为 1.35 亿美元，姆巴佩为 1.1 亿美元。

克里斯蒂亚诺·罗纳尔多的收入为何能达到贝利的 200 多倍？

这并非贝利技不如人，而是在他那个时代没有那么多人有机会领略他的球技。1958 年，巴西只有 35 万台电视机，而人口是7000 万人。世界第一颗电视卫星是 1962 年发射的，根本没赶上贝利在世界杯的首次表演，而如今的世界杯，通过电视和互联网渗透到了世界每个角落，有几百万双眼睛在观看比赛。

芝加哥大学经济学家舍温·罗森在 20 世纪 80 年代提出了"超级明星经济"的概念，即整个行业收入的最大份额由行业里的一小部分人（超级明星）分得。他认为，明星的巨额收入是可以预测到的经济力量作用的结果。

今天，一个医生医术再怎么高明，一天能看的病人是有限的，而几百万人可以同时去看董宇辉直播带货，十几亿观众可以同时观看全红婵、潘展乐在奥运会竞技。新技术极大地扩大了市场规模，因此，如今明星的收入也变得越来越高，这也是克里斯蒂亚诺·罗纳尔多的收入能达到贝利的 200 多倍的原因。

超级明星经济反映的是"赢家通吃"现象。

所谓"赢家通吃"，就是比其他人稍稍"优秀"一点儿的人能够轻易赢得整块蛋糕，而其他人什么也得不到。从体育比赛到演艺市场，天赋上的微小差别会造成收入上的巨大差异。

博尔特的百米跑用时比第二名快零点几秒，可是几乎所有的赞助商都愿意争相将巨资"砸"在他的身上，而银牌和铜牌选手获得的资源却与之相差悬殊。同样，人们宁愿花 50 元购买郎朗的钢琴弹奏 CD，也不愿意花 30 元购买某个不知名的钢琴家弹奏同样曲目的 CD，即使两人的差别是普通人的耳朵无法分辨的。

邓洛普问题：同样的工作为何工资不一样

假设你和你的闺蜜是同一所大学毕业的，你俩在班上成绩接近，能力也相差无几。现在你俩在不同公司担任秘书，所做的工作内容也没什么差别。你俩的公司只隔了一条街，不过她就职的是国际著名的金融公司，而你在一家普通公司，那她的工资就会是你的好几倍。

金融公司完全可以用少付一半的钱在市场上招到同等能力的职员，那么它为什么不这么做？这种工资差别很大的现象是怎么产生的？

哈佛大学经济学教授约翰·邓洛普在 1957 年发表的论文揭示了波士顿地区各类型货运卡车司机的工资差别。比如，为洗衣店运送货物的卡车司机工资是每小时 1.2 美元，搬运钢琴和家具的司机是 1.3 美元，运送肉类罐头的司机是 1.64 美元，运送石油的司机是 1.985 美元，运送杂志的司机则达到 2.25 美元。

由此他提出了"邓洛普问题"，卡车司机之间的技能相差无几，同样握着方向盘，踩着油门和刹车，为何每小时的工资会有这样的差别呢？

美国经济学家理查德·泰勒是这样解释的：很多工作，比如前台、秘书等，人们可以自由地选择他们的工作努力程度，使用计件工资是不现实的，这就需要对他们进行监督，以防止他们偷懒。

大公司之所以愿意支付高于市场价格的工资，同时进行适当的监督，并解雇那些开小差被逮到的员工，是因为这种高工资的激励，既减小了员工的偷懒动机——因为偷懒丢掉这份高薪的代价会很大，也减少了员工偷懒给公司带来的损失，例如，一个跨国集团的前台或秘书偷一下懒，可能损失的是一个重要客户。当然，最重要的是大公司的监督成本很高，如果员工都能自愿卖力干活，就能为大公司节约高昂的监督成本。

最低工资：经济学家为何掐架

最低工资制度是国家层面以法律形式干预工资分配，并保障低收入者基本生活的制度。然而，经济学家对此的态度并不一致，有的赞同，有的则反对。

经济学家反对的理由很简单：比如我是个小企业主，雇了7个人，每小时给5块钱。当最低工资调整到7块钱时，我为了保持生产成本，很可能只雇5个人。因此最低工资的提高，会增加失业率，尤其是年轻的、非熟练工的失业率。美国"最低工资研究委员会"调查表明，最低工资上涨10%，会导致年轻非熟练工失业率增加1%到3%。因此，最低工资法旨在保护弱势群体，最后受伤害的，可能恰恰是弱势群体。

20世纪90年代初，经济学家大多认为，设置最低工资对就业机会是不利的。然而现在观点转变了，经济学家开始"掐架"。越来越多的经济学家开始质疑这个传统的观点了。他们的证据源于最近十来年实施的调查，这些调查导致人们开始严重质疑"对低技能的求职者来说，最低工资会自动减少工作机会"的说法。

1994 年，伯克利大学的卡特和普林斯顿大学的克鲁格通过研究得出让人惊讶的结论：最低工资的大幅增加会使更多的人获得工作。两位美国经济学家在新泽西州等地的快餐行业中调查了就业趋势，发现新泽西州最低工资提升了近 20%，然而对于该州每个快餐厅来说，却平均增加了 2.6 个工作岗位。

另外，经济学家们还研究了 1999 年引入的最低工资对英国的就业和利润的影响。他们发现，在低工资行业最低工资对就业岗位减少的影响微不足道。

小费：为什么有些地方要给小费

小费是指顾客给为他们服务的人额外支付的一笔费用。如果说给理发师小费可以避免下次理发时被削掉耳朵，那么给出租车司机小费又有什么意义呢？你可能再也见不到他了。

很多经济学家认为给小费是愚蠢的行为，他们认为给小费是白白扔钱。比如，侍应生市场的竞争性很强，如果顾客给侍应生很多小费，那么雇主就会降低他们的报酬，因此整体上来说侍应生的收入不会提高，而餐馆老板的利润则会增加。

在美国和一部分欧洲国家，小费是服务人员收入的重要部分，客人支付小费也成为根深蒂固的礼仪传统。然而，每个国家的小费文化大不一样。如果你去瑞典等北欧国家旅行，你会发现在那里小费并不被看重，几乎很少需要支付小费。在日本、新加坡、澳大利亚等国家也没有给小费的传统。

为何各国的小费文化差异会这么大呢？

这种差异都可以追溯到一种价格——劳动力价格。一份研究表明，瑞典收入水平最低的 1/10 的人群的平均工资，相当于中等收入人群的 75%，而美国只相当于 37%。尽管美国的人均收入比瑞典高 25%，但瑞典最低收入人群的工资比美国同样群体的工资高 60%。

美国从事服务业的人员工资普遍非常低，微薄的月收入无法支撑基本的生活需求。某些州的服务员甚至没有底薪，这使从事低收入行业者不得不依靠小费来补贴。在餐厅、酒店给服务人员小费已经成为一种管理工具和帮助老板降低工资的方法。

▦ 漂亮津贴：为何长得越好收入越高

美国得州大学奥斯汀分校的经济学教授丹尼尔·哈莫斯研究发现，长相好的人一生平均要比长相低于平均水平的人收入高出23万美元。比起长相平平的同事，貌美的女性收入高出4%，帅气的男性收入则高出3%。

外表迷人的人比长相平平的人挣得多，这种现象不仅出现在娱乐行业，就连美国橄榄球联盟的四分卫，也是相貌清秀的比长相平平的赚得多。

这种因为长相引起的工资差别，也被称为"漂亮津贴"。

伦敦政治经济学院的凯瑟琳·哈基姆教授经过调查发现：除工资收入外，长相好看的人享受的特殊待遇也要多一些，包括聚会邀请、商务旅游和办公室特权等。另外，相貌迷人的人甚至容

易拿到利息更低的银行贷款。更夸张的是，在模拟诉讼中，那些长相好的人被判得更温和，所获得的损害赔偿也更高。

引起这种差别的原因除了以貌取人的偏见，还有就是漂亮的外貌本身也是决定生产率和工资的内在因素之一。一些人生来就有电影明星的气质，另一些人则没有。在任何一种要在公众面前露面的工作中，漂亮的外貌都是有用的，如演员、销售员等。在这种情况下，有吸引力的人对企业的价值比没有吸引力的人更大，企业对有吸引力的员工愿意支付更多，反映了其顾客的偏好。

另一种解释是，一个人的形象可以间接反映他其他方面的能力。一个人看起来是否有吸引力还取决于遗传之外的其他因素，例如服装、发型、个人举止、精神面貌等，这时的魅力也是个人能力（如自我管理、文化修养）的体现。

■ 补偿性工资差别："蜘蛛人"为何能月薪数万元

有一种人叫作"蜘蛛人"，"蜘蛛人"和"蜘蛛侠"完全不一样。它是指从事高空作业的人，比如从事高楼外墙清洁、在楼顶架设广告牌等工作的人。

"蜘蛛人"头戴安全帽，腰系安全带，脚踏防水胶鞋，在城市里"飞檐走壁"。夏天他们需要在烈日下暴晒，冬天需要在寒风中挨冻，但对他们来说，最担心的还是强风，一旦起大风，他们就必须立刻停止工作，否则就会有生命危险。

成为"蜘蛛人"门槛不高，不需要什么学历。不过因为工作时体力消耗大，对年龄和体重的要求都十分严格，体重一般不能超过70公斤，年龄要求在25岁和35岁之间。

"蜘蛛人"的月收入普遍上万元，一个月两三万元也很平常。为何一项门槛不高的工作，月薪比普通白领高很多呢？

当一个人决定是否接受某项工作时，工资仅仅是这个人考虑的许多因素之一。人们还会衡量这项工作的劳动强度、危险性、是否有趣等。某些工作轻松、有趣又安全，另一些工作艰苦、枯燥又危险。因此，后者的工资就要高于前者。

经济学家用"补偿性工资差别"来指不同工作的非货币特性所引起的工资差别，支付给"蜘蛛人"的高薪中很大一部分源于这项工作的危险性。这种概念有助于我们理解擦柜台玻璃和擦摩天大楼外墙玻璃这两种工作的工资为何差别如此之大。

正因如此，深入地下几百米的矿工的收入也要高于在地面搞后勤的服务人员的收入。从事核电站检修、远洋捕鱼等危险性较高工作的人，其收入也会远高于普通工人。如果你选择坐在快餐店的冰柜后面卖雪糕，因为你没有人身安全问题，收入自然也就相对较低。

■ 其他工资差别：决定收入水平的关键是什么

在上面这个故事中，我们学习了"补偿性工资差别"，危险工作的工资会高于安全工作的，但这仍然不能解释全部。

假设你在市羽毛球队打球，而你的好朋友强哥在国家队打球。你们的工资虽然差别很大，但这不是补偿性工资差别，你们所遇到的身体风险几乎相同。这种差别其实是由天赋决定的，强哥打球的天赋比你更高。

收入的差别很大一部分是由天赋决定的。比如学习，有的同学特别聪明，老师只要讲过一遍就能理解，而有的同学反反复复也记不住。因此，天赋高、学习能力强的人能考上好大学，未来更有可能找到更好的工作。还有一些人，虽然读书能力不够，但财商和情商特别高，所以走上社会也特别会赚钱，这也是天赋的一部分。

然而天赋并不代表一切，和天赋密切相关的还有个人的努力。两个人天赋接近，进了同一家公司，一个人特别努力，另一个则懒懒散散。几年之后，两个人在公司的地位和收入可能会完全不一样。

除了天赋和努力，还有一个重要因素，那就是机遇。经济学家曼昆称机遇是"一种经济学家承认，但并没有深入论述的现象"。

比尔·盖茨最初开办了一家小公司，IBM 公司在寻找一种被称为"操作系统"的程序。IBM 的雇员找到了盖茨，盖茨说他无法提供这个系统，并建议 IBM 的人去找一个著名的程序员基尔代尔。结果对方没有抓住这个机遇，合作没有谈成。

IBM 的雇员再次找到盖茨，要求他来做这件事情。机遇降临到盖茨头上，他花费了大约 5 万美元买到了这个系统的版权，并做了一些改动，将它重新命名为 DOS，这也奠定了日后微软帝国的基础。

由此可见，天赋、努力和机遇，对我们的收入都起着重要的作用。

第十一章

货 币

▨ 货币：历史上有哪些奇怪的货币

在经济学中，货币是指人们用于向其他人购买物品与劳务的一组资产，比如当你在餐馆用餐后，付给老板几张人民币。老板可以拿这些人民币给厨师支付工资。厨师可以拿这些人民币给房东支付房租，房东又可以拿它给孩子交学费……

货币与人类社会共同演进，在不同时期、不同地点都是不同的。比如，印第安胡帕部落的成员在支付费用时，他们从口袋里掏出来的可不是纸币，而是红啄木鸟的头；所罗门群岛的部落则用犬齿作钱币……这也许有点儿吓人，但还有更吓人的——阿萨姆北部的原始部落使用杀牛以后留下的牛头，婆罗洲猎头族则用人的头骨作为流通货币。

中国古代曾使用贝币，也就是以贝壳充当货币，因此中国文字中和钱财有关的字通常都有"贝"这个部首，如资、贷、货、财、贵、贡、赚、赐等。除了贝币，中国古代也使用过其他多种货币。元代马可·波罗在中国旅行的时候，就记录了不同地区流通的不同种类的货币（如纸币、贝币、盐币、金银等）。

全世界很多地方都使用贝币，贝币的使用价值因部落所在地区到海岸的距离而异，通常两者距离越远价值越高。例如，从前在非洲多哥的巴萨里族，一个陶制偶像价格是 300 贝，新娘的价格是 15000 贝，外加一头牛。

　　在南太平洋岛屿中有个名叫雅浦岛的岛屿，这个岛上使用的货币称为费。费是由距离雅浦岛约 500 公里的帕劳群岛上出产的一种石灰岩做成的巨大石轮。雅浦岛的男人们为了采集这种石头必须进行上千里的旅行。这种钱币很大，呈扁圆形，中间有钻孔。它的价值因其大小和厚薄的程度而定，越大越薄的石轮越值钱。最大的费直径达到 4.5 米，这恐怕是世界上最"大"的钱币了。

■ 黄金：哈利·波特从银行拿到了什么

在小说《哈利·波特》中，哈利·波特一岁的时候，父母被恶魔杀害。他在十岁生日时，收到了一封信，被告知已经被霍格沃茨魔法学校录取。巨人海格带着哈利来到一家银行，去取哈利的父母留给他的一些遗产。

在魔法世界里，银行同样是一幢高大的建筑。他们走进一间由大理石装饰成的大厅，里面有一百多个小妖精坐在柜台后面的高脚凳上。一个妖精转动钥匙，绿色的烟雾弥漫开来，同时大门打开，在一个没有窗户的房间里，放着成堆的金币（金加隆）。这些是哈利的父母留给儿子的，哈利看到这番景象难以相信。

黄金之所以能成为世界通用的货币，是因为它具有稀缺性（全球开采出来的黄金总量约 20 万吨），并且容易保存且不会变质，同时为全世界所认可。

哈利的父母把这些金币放在银行保险库里，它们没有产生任何利息，并且哈利的父母还要为此付出不菲的管理费用（从银行锃亮的地板到小妖精们的制服都要花钱），这是否明智？

这要看哈利的那个世界里是否存在战争风险和通货膨胀。黄金是一种避险资产，当发生战乱或者货币贬值时，黄金就是最好的选择。

哈利的父母在他出生时（1980 年 7 月）存入黄金，当时伦敦的金价是每盎司①660 美元（正值布雷顿森林体系瓦解和中东石油

---

① 1 盎司 ≈ 0.02835 千克。

危机，黄金价格处在历史高位），而10年后的金价回落到每盎司370美元，哈利拿到的遗产大大缩水了。

我们不知道现在哈利是否仍然持有这些黄金，如今世界各地充满了冲突和风险，黄金已经涨到每盎司2700美元（2024年10月的价格）。如果它们没有被花掉，哈利就成为一个富有的魔法师了。

■ 通货紧缩：日本经济为何经历30年通缩

诺贝尔经济学奖得主萨缪尔森是这样定义通货紧缩的：价格和成本正在普遍下降。

当市场上流通的货币减少时，老百姓所得到的货币也随之减少，购买力下降，物价就会开始下跌，造成通货紧缩。经济学界普遍认为，消费者物价指数（CPI）连续下降两个季度，即表示已出现通货紧缩。

20世纪90年代，日本泡沫经济破灭。从此，日本进入长达30年的通缩时代，货物与服务的价格几乎一动不动，而这一切，源于消费者预期的变化。消费者担心金融危机爆发引发失业而开始省吃俭用。在这个过程中，消费者对价格更加敏感，企业也不敢抬高产品的价格，绝大部分经营者都采取保守策略，停止了工资的上涨。

这时可能会有人问，物价下降，钱越来越值钱，这不是一件好事吗？为什么还会有危害呢？

你仔细想一下，如果制造业商品价格不断下降，那么，首先受影响的就是企业。企业收益下滑，社会生产逐渐萎缩，没有人愿意扩大生产，同时还会加大裁员力度，老百姓就业问题严重，即便有工作也严重内卷。这导致个人收入不断减少，每个人都捂紧钱包，社会整体消费出现萎缩，生产更加下滑，最终造成经济长期低迷，并形成恶性循环。

日本物价几十年不涨，老百姓消费降级，制造企业大量倒闭，经济增长几乎停滞。这一状态持续了 30 年之久，其间虽然多届日本政府尝试了诸多刺激经济的政策，包括著名的"安倍经济学"，但都如石沉大海，只能短期见效，很快归于平静。

格雷欣法则：劣币为何能够淘汰良币

"格雷欣法则"也就是我们常说的"劣币驱逐良币"，是 16

世纪英国的托马斯·格雷欣爵士发现的：当市场上有好几种货币同时流通时，如果各自成色不同，而购买力却相同，这时成色好的货币（良币）就会被留在手里，而成色差的货币（劣币）就会被花掉。如果每个人都这样做，市场上的良币就会被藏起来，到处充斥着劣币。

这种现象可以追溯到古罗马时代，当时的人们习惯从金银钱币上切下一角，这意味着在货币充当买卖媒介时，货币的价值就减小了。古罗马人不是傻瓜，他们很快就觉察到货币越来越轻。当他们知道货币减轻的真相时，就把足值的金银货币积存起来，专门用那些不足值的货币。

早在公元前 2 世纪，西汉的贾谊就曾指出"奸钱日繁，正钱日亡"的事实，这里的"奸钱"指的就是劣币，"正钱"指的是良币。

在社会领域，也会发生"劣币驱逐良币"的现象。比如，在一个单位里，有些人（劣币）不好好干活，整天拍马屁，结果钱拿得比认真干活的人（良币）还多，这就会造成那些原本好好干活的人也不愿意卖力，最后整个单位充斥着懒人。

在汉文帝时期出现了一种奇特的经济现象，经济学家称之为"反格雷欣法则"。汉文帝登基的第五年，宣布放开铸币权，也就是说大伙都能造钱币。铸币者为了把自己的钱币卖出去，都愿意铸造成色较佳的钱币。在利润的诱导下，在自由竞争的环境中，钱币的质量和其他商品一样，会越来越好，而劣币会遭到市场的淘汰。有人曾把秦汉各个时期的钱币进行比较，发现在汉文帝"放铸政策"时期，钱币质量最佳。

■ 信用卡：刷卡和付现金是一样的吗

日本女作家宫部美雪写过一部长篇推理小说《火车》，讲述了停职期间的警察本间俊介受侄子的委托，帮忙寻找他突然杳无踪迹的未婚妻彰子的故事。本间循着彰子的过往，逐渐发现她失踪的秘密。

那么本间侄子的未婚妻为何突然失踪，且一直在亡命他乡呢？罪魁祸首就是信用卡。

信用卡是一种货币替代物，它是一种非现金交易付款的方式，也是简单的信贷服务。信用卡由银行或信用卡公司依照用户的信用度与财力发给持卡人，持卡人持信用卡消费时无须支付现金，待结账日再进行还款。

20世纪80年代，日本经济迅速发展，信用卡进入大众视野。

由于人们偿还能力与花钱能力严重不符，导致大量的人破产，而小说《火车》里的那个失踪的未婚妻，就是信用卡的受害者，最后不得不隐瞒身份。

从神经心理学的角度看，金钱本身就能给人带来喜悦。金钱能让大脑的纹状体皮层剧烈活动，会让大脑分泌多巴胺，这就是很多人看到大把的钞票会乐开花的原因。

既然金钱本身就能让人开心，那么从自己的钱包里掏出钞票付款就是一件令人痛苦的事情。支付现金会让我们感到犹豫和痛苦，而人们如果用信用卡支付各种费用，就可以大大减少直接掏钱带来的痛苦感。

我们拿出这些漂亮的卡片，仿佛根本不要钱一样，不停地买、买、买，经济学家们把这种现象称为"支付隔离"。信用卡不但可以减轻我们付款的痛苦，还让我们透支未来的收入，有些人信用卡越刷越上瘾，最后像《火车》中的主人公一样，无力偿还债务。

▓ 比特币：当年的一块比萨为什么与现在的一架波音飞机等值

2010 年 5 月 22 日，一位程序员用 10000 枚比特币购买了两块比萨，4 天后交易成功。那么购买一块比萨的比特币到现在值多少钱？按照 2024 年 10 月的价格，一枚比特币的价格达到 44 万元人民币，5000 枚比特币的价格就是 22 亿元。是的，你没听错，一块比萨的价格相当于一幢现代化大厦或者一架大型波音客机。后来大家为了纪念比特币支付购买实物成功，将每年 5 月 22 日定为"比特币比萨节"。

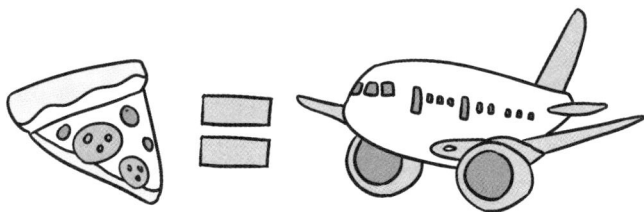

另一个故事是这样的：英国一位加密货币投资者詹姆斯·豪威尔斯不小心扔掉了一个有 8000 枚比特币的电脑硬盘。不久之后，这些比特币价格暴涨。詹姆斯·豪威尔斯心痛无比，准备花钱把威尔士南部的一个垃圾填埋场的 10 万吨垃圾翻个底朝天，以便找到这块硬盘，因为这块硬盘已经价值 30 多亿美元。

比特币是数字货币的一种。数字货币是一种基于节点网络和数字加密算法的虚拟货币。如果数字货币是国家法定机构发行的，那么数字货币和纸币一样，都是由国家的权威和信誉背书的货币；如果不是由国家所发行，那么情形就有点复杂。

我们重点来说说比特币。与大多数货币不同，比特币不依靠特定货币机构发行，依据特定算法，通过大量的计算产生。比特币的支持者们认为比特币本身就是巨大的财富，有各种深奥的专业术语和理论支持这种看法。但是也有人持不同观点，比如诺贝尔经济学奖得主罗伯特·希勒认为，比特币是一个典型的靠故事推动的泡沫，就像当年的郁金香泡沫。巴菲特更是认为，"这就是一种赌博工具"。

■ 金本位制:《绿野仙踪》讲了什么故事

《绿野仙踪》是一个让人着迷的童话，不管是多萝西、稻草人还是铁皮人都是很多人童年梦幻的一部分。不过你或许不知道，《绿野仙踪》实际上是对美国货币制度的一种影射。

《绿野仙踪》的作者弗兰克·鲍姆1856年出生于美国的一个富裕家庭，在那个时代，美国的经济领域发生一件大事，就是"黄金大战白银"。

当时的英国已经确定了金本位制，其他国家确立金本位制的趋势也日益明朗。所谓金本位制就是以黄金为本位币的货币制度。在金本位制下，每单位货币的价值等同于若干重量黄金的价值。

1873年，在美国内华达州，大银矿被发现。面对这天降财富，西部农民组成了人民党（又称白银党），主张自由的银币铸造权，并推举布莱恩参选总统，但没有成功。在 1896 年，支持银币铸造权的民主党在与支持金本位的共和党的竞选中失利，美国确立了金本位制。

鲍姆曾积极支持白银党，当白银党竞选失利后，他心灰意冷，干回了老本行——写作。当然他忍不住还是要发发牢骚，并把这些写进了《绿野仙踪》里。

读过《绿野仙踪》的人一定都记得那个奥兹国，经济学家认为，这里的 Oz（奥兹）就是金银货币单位 Ounce（盎司）的缩写。故事中不断出现的"黄金路"就是指金本位，而翡翠城则是指美国首都华盛顿（美钞是绿色的）。多萝西代表美国传统的价值观。稻草人就是西部农民的化身，朴实呆板，脑子里装满稻草。没有心脏的铁皮人代表产业工人，而怯懦的狮子则影射白银党的候选人布莱恩。

那么东方女巫是谁呢？这一形象影射的是美国总统克里夫兰。

他怎么就成了坏女巫了呢？原来在 1893 年，克里夫兰带头废除了购银法，主张实行金本位制，怪不得鲍姆要把这个形象安在他头上。

■ 硬通货：方便面为何会在监狱里成为货币

"硬通货"是指具有稳定价值的计价通货，比如在战乱时期，黄金和粮食就是硬通货。在国际金融市场上，那些汇率比较坚挺的货币也称为硬通货。

香烟作为监狱的硬通货由来已久。"二战"时期，国际红十字会想方设法为战俘营提供香烟等物品，最后香烟便成为战俘营中的流通货币。即便你不抽烟，你也可以通过它来换到你需要的东西，例如，一根香肠值十根香烟。

不过，香烟作为监狱的硬通货也存在问题，因为很多监狱是禁止抽烟的，这会造成流动性枯竭（货币不够用）。香烟也许过气了，监狱迫切需要一种新的货币。

亚利桑那大学的米歇尔·吉布森博士发现了这种新货币，他在《卫报》上发表了一份研究报告：在（美国）监狱，方便面已经不仅仅是食物这么简单。它是一种硬通货，一种货币。你可以用方便面购买任何非法的产品和服务。你可以不喜欢方便面，甚至不吃它，但你必须使用它。在监狱里，方便面就是钱。

方便面能长期储存，有实用价值，可以缓解监狱伙食不足。它可以从各个渠道流入监狱，又完全合法，因此不会像香烟那样产生短缺。最为有趣的一点是，在监狱内还存在方便面的商品交易市场，各种方便面之间存在着"浮动汇率"，其中来自中国的方便面价值最高，日本方便面次之，韩国的最低。

　　除了高墙内，墙外也有把方便面当硬通货的。比如，委内瑞拉一度流行以货易货，而方便面就是很好的准货币，一部旧手机可以换 20 包方便面。

　　看来不管在哪里，有人的地方就有经济。

第十二章

金　融

▨ 银行：长凳上发生了什么故事

"银行"是指通过存款、贷款、汇兑、储蓄等业务承担信用中介功能的金融机构。当你第一次学到"Bank（银行）"这个单词的时候，英语老师可能会告诉你，这个词语来源于"长凳（Bench）"，那银行究竟和长凳有什么关系？

中世纪的欧洲，如在地中海沿岸的威尼斯、热那亚等港口城市，常常可以看见一些坐在板凳上对着大海翘首等待的货币兑换商。当那些远航归来的商人怀揣着各国货币上岸时，这些"坐在板凳上的人"就一拥而上前去交易。

那些海外贸易者带回了形形色色的货币，其品质、成色、大小各不相同。"坐在板凳上的人"负责兑换这些五花八门的货币，同时他们还贷款给急需用钱的人，从中赚取利息。

"Bank"这个单词揭示了银行的起源，最早的银行业务来自那些货币兑换。中世纪的欧洲，货币种类繁多，伪币盛行，还出现了专门鉴定、兑换货币的商人，他们在店里或店外的街边摆上长椅和桌子进行交易。除了兑换货币，这些钱币商人还吸纳存款、发放贷款——有担保和无担保的都有。

近代银行得以建立，或应归功于威尼斯。不同于将货币摆在街边长椅和桌子上的"街边兑换铺"，威尼斯的银行只将账簿放在柜台上，称为"书面的银行"。它们在没有现金的情况下也能实现汇票结算和账户间的资金转移。

▩ 保险：孟买的逃票组织是如何运作的

因为孟买的通勤列车每天要运送 600 万人，列车公司没办法检查所有人的票，只能随机抽查验票，所以许多人压根不买票。逃票的人虽然很少会被抓到，但是一旦被抓到就会被罚一大笔钱。于是头脑灵活的人就设计了一个制度，使被抓的人能够得到补偿。乘客可以花 500 卢比（大约 11 美元）加入一个逃票乘客的组织，如果没买票被抓获，交了罚款之后，可以向该组织出示发票，该组织会补偿罚金。

孟买的逃票组织相当于一个保险机构，用以消除逃票者的风险，这个故事让人想起保险业的起源。

在古巴比伦时代，沙漠中的驼队常常会被抢劫。于是，为那些驼队提供贷款的人，除本身的高利贷收入外，还会收取一些额外的费用。如果驼队不幸被江洋大盗抢劫了，那么他们就会免除这笔贷款。

当然，驼队可以不用交那笔费用，显然这是不明智的。在《汉谟拉比法典》中，对财产权有明确规定，一个人获得的贷款是以他和家人的性命来担保的。如果他还不上这笔贷款，那么全家都要沦为奴隶。因此，大多数商人都会乖乖交上这笔保险费，而放贷人则通过收取驼队大量的保险费来抵消意外发生的风险。

保险是分摊意外事故损失的一种财务安排，保险还基于另一个重要的事情——概率。孟买的逃票组织之所以能存在，是因为它掌握了抽检的概率和罚款金额，而保险业所以存在，也依赖他们对风险概率的计算。

■ 债券：荷兰债券如何创造信用奇迹

债券是国家政府、金融机构、企业等直接向社会借债筹措资金时，向投资者发行，承诺按规定利率支付利息并按约定条件偿还本金的债权债务凭证。因此，债券也可以说是证明书，证明债券购买者与发行者之间的债权债务关系。

发行债券最重要的是信用，每个国家都有不同的信用评级。

下面讲的是一个关于荷兰债券的故事。

荷兰是一个低海拔国家，需要面对洪水等自然灾害的侵袭，因此荷兰经常会发行债券以修建运河等水利工程。1648 年，荷兰的列克戴克上水坝水务公司就发行了这样的债券。这种债券面值 1000 荷兰盾，作为回报，一张债券持有者每年将获得 50 荷兰盾的利息。

这种债券的特别之处在于，这是一种持续支付收益的永久债券。也就是说，从理论上讲，它必须一直支付利息。

在债券发行后的 300 多年中，世界发生了天翻地覆的变化，先是"一战"，而后是"二战"，荷兰与英国、法国共同对德国宣战。德国入侵荷兰，仅仅数周荷兰就宣布战败投降，荷兰沦陷。

然而和古老而坚固的防洪堤一样，不管这个世界怎么变化，这种债券却默默地坚守着它的承诺，利息支付从没停止过。即便在"二战"最激烈的时候，这家水务公司压根儿也没想过要跑路。当时债券的持有人安妮·弗兰克和她的家人躲在阿姆斯特丹的自家小黑屋中，这些款项仍然通过各种渠道被支付。

300 多年间，债券的利息从没有间断过。一张这种债券后来被耶鲁大学收藏，直到今天耶鲁大学每年都能定期收到 11.34 欧元的利息。

■ 利息：利息和牛犊有什么关系

利息是指货币持有者因贷出货币而从借款人手中获得的报酬。当你把钱存入银行，到期除了本金还能拿到利息。

耶鲁大学有一件文物藏品，一些文字刻在一个大小和形状都很像菠萝的黏土制成的圆锥体上。这件公元前 2400 年左右的文物上用苏美尔文字记录了人类早期利息概念的诞生："乌玛的领袖应当将南舍和宁格苏的 1 古鲁大麦用于借贷，这会产生利息。"

是什么让古代苏美尔人产生了收取利息的想法？语言学家的研究提供了一种思路。在苏美尔语中，利息一词是 mash，它有牛犊的意思。在古希腊语中，利息一词是 tokos，它同时也有牛繁殖的意思。拉丁文 pecus（畜群），是英文 pecuniary（金钱的）的词根。古埃及语中的"利息"一词与苏美尔语类似，意为生出。所有这些词都表明，利息来自牲畜的自然增殖。

如果你将 30 头牛借给某人一年，你会希望他还给你超过 30 头牛。牛群会增殖，牛主人的财富也因此具有了与牲畜的增殖率相同的自然增长率。如果牛是标准货币，那么所有可类比商品的借贷也都理应具有"增殖"属性。

对于一个农业或畜牧业社会来说，利息的概念非常自然，古代苏美尔社会为有息贷款的诞生提供了理想的环境。牛羊等家畜的单位"头"，是英语中"资本"（capital）的语源。牛羊可以用来交换其他物品，是一种有生命的"货币"，牛羊的头数表示牧民的财产数量。在恶劣的自然环境下，牧民通过家畜生产幼崽来增加财产。繁殖幼崽就和获得"利息"一样，和利用资产进行利益增值是一个道理。

■ 复利：一个清洁工如何成为百万富翁

罗纳德·里德出生于美国佛蒙特州的乡下。里德的朋友说，关于他并没有太多值得一提的事，他的生活一直平淡无奇。

里德曾在一家加油站做过 25 年汽车修理工，又在一家服装商场拖了 17 年地板。另外，他还当过门卫。

38 岁时，他花 1.2 万美元买了一套两居室的房子，然后在那里度过了他的余生。他的妻子在他 50 岁时离世，之后他没有再婚。据里德的一个朋友回忆，他最大的爱好是劈柴。

里德于 2014 年去世，享年 92 岁。在他死后，他登上了美国的新闻头条。原来里德在遗嘱中，将 200 万美元留给了自己的子女，而把剩下的 600 多万美元捐献给了当地的医院和图书馆。

里德去世时的净金融资产已经达到惊人的 800 多万美元。人们对此感到非常困惑：这个拖地板、修理汽车的人怎么有这么多钱？他的钱是从哪儿来的？

最后人们发现，里德的财富并没有什么秘密。他既没有中巨额彩票，也没有继承大笔遗产。里德将能攒的每一分钱都积存起来，或者买一些蓝筹股。接下来便是漫长的等待，等到几十年后，这些微小的积蓄通过日积月累的复利，最终滚雪球般地变成了 800 多万美元。

所谓复利是指由本金和前一个利息期内应计利息共同产生的利息，由未支取利息按照本金的利率赚取的新利息，常称息上息、利滚利，不仅本金产生利息，利息也产生利息。复利效应讲的就是复利在财富增长过程中的巨大作用。

爱因斯坦说，复利是世界第八大奇迹。让财富年复一年地增长，复利的力量才会显现，就像种下一棵树苗，几十年、上百年后会变成参天大树一样。

就这样日复一日，里德终于从一个清洁工、修理工变成了一个百万富翁。

■ 高利贷：王熙凤是如何"让钱生钱"的

《红楼梦》第三十九回中，袭人叫住平儿问道："这个月的月钱，连老太太和太太还没放呢，是为什么？"平儿悄悄告诉袭人说："这个月的月钱，我们奶奶早已支了，放给人使呢。等别处的利钱收了来，凑齐了才放呢。"

王熙凤的理财观就是"你不理财，财不理你"，而她的主要手段是通过放贷"让钱生钱"。那么凤姐放贷的利息大约是多少呢？

小说第一百零四回中，贾芸说王熙凤"拿着太爷留下的公中银钱在外放加一钱"。所谓"加一钱"，是指月息为本金的10%，借一百两银子一年以后就要还两百二十两（这里没有复利）。

所谓"高利贷"，是指索取特别高额利息的贷款。我国之前民间借贷年利率超过 36% 被视为高利贷，不受法律保护。不过 2020 年修订的《最高人民法院关于审理民间借贷案件适用法律若干问题的规定》第二十八条规定："借贷双方对逾期利率有约定的，从其约定，但是以不超过合同成立时一年期贷款市场报价利率四倍为限。"例如，根据 2024 年 9 月 20 日贷款市场报价，一年期贷款市场报价利率为 3.35%，四倍即为 13.4%。

回到曹雪芹的时代，《大清律·户律·钱债》中规定：凡私放钱债及典当财物，每月取利并不得过三分。年月虽多，不过一本一利。违者笞四十，以余利计赃。重者，坐赃论罪，止杖一百。这里"每月取利并不得过三分"是指月息不得超过 3%，并且利息不能超过本金。

照这个标准，王熙凤显然是在放高利贷了。

因此在《红楼梦》第一百零五回中，从王熙凤房中查出"两箱房地契又一箱借票，却都是违例取利的"，锦衣府堂官赵全立即为之定性："好个重利盘剥！很该全抄"。这也成为贾府的重大罪责。

汇票：钱为什么可以"飞"起来

在唐代中期的唐宪宗年间，如果一个商人外出经商时带上大量铜钱，会有诸多不便。他可以先找官方（进奏院）开具一张凭证，其上记载着地点和钱币的数目，之后他持凭证去异地提款购货。此凭证被形象地称为"飞钱"。

同样，当商人在外地做生意赚到了钱，返回自己的家乡前，他们也可以将钱存入进奏院并取得凭证。回到家乡后，商人将其持有的凭证向官方出示以获得全额付款，这样钱就可以"飞"回商人的家中。

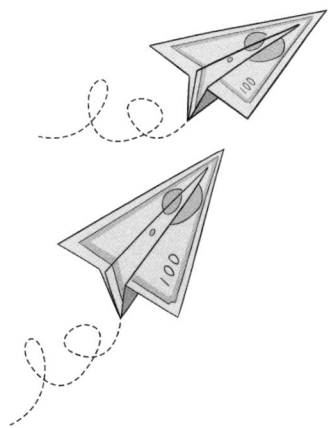

"飞钱"是中国历史上最早的汇兑制度，可以将其看作汇票的萌芽。

汇票是指由出票人签发，委托付款人在见票时或者在指定日期无条件支付确定的金额给收款人或者持票人的票据。如果你看过《乔家大院》《走西口》《日升昌票号》等关于晋商题材的电视剧，就会对近代的山西票号有所了解。

山西商帮在长途贩运和镖局（护卫资金安全）、账局（异地大额贷款）的增值服务过程中建立了票号，将跨域的汇兑和存贷业务与货物贸易分割开来独立经营，从而形成了独立的金融机构，汇票也成为特殊的流通货币。

山西平遥县商人继承工商汇票的经验，于19世纪20年代创办了中国第一家山西票号——日升昌。它的迅速成功使众多山西商帮纷纷建立自己的票号系统，并将业务拓展到全中国甚至日本、朝鲜、南洋等地，山西票号一时名满天下。

在中世纪的欧洲，人们去耶路撒冷朝圣需带上钱粮，一路会有很多风险，于是欧洲的圣殿骑士团便推出了类似"飞钱"的金融业务。人们只需在出发地存入钱款，便可凭骑士团开具的凭证，在去耶路撒冷途中的圣殿骑士分支机构提取现金。

▣ 股票：可以在阿拉斯加种草莓吗

股份公司发行股票作为出资证明，人们可以在证券交易所购买这种股票。股东不仅可以获得分红，等股票价格上升后还可以将其卖出从而赚取利润，同时股东只承担"有限责任"，这就是"股票"。

第一家现代股份公司是 1602 年成立的荷兰东印度公司（荷兰语简称 VOC）。另外，莫斯科公司（1555 年）和英国东印度公司（1600 年）虽然是较早的股份制公司，但是都不能算真正的现代公司。

为了进行股票交易，1609 年，荷兰东印度公司开设了世界上第一家证券交易所——阿姆斯特丹证券交易所，阿姆斯特丹也成了当时的世界金融中心。

股东之所以持有股票是因为对公司的信任，例如，荷兰东印度公司的分红就令股东满意。然而早期的股份公司常常不讲诚信，早期纽约交易所的上市公司根本不公布任何信息，公司对自己的财务数据秘而不宣，或者对账日胡编乱造。

当纽约交易所向西部铁路等三家铁路公司询问财务状况的时候，三家公司要么说"不关你的事"，要么说"没有必要提交任何财务报告"，三言两语就把交易所打发了。

还有用造假账本来欺骗股东的。伊利铁路是美国有史以来管理最混乱的铁路，其公司曾出具一份"极富创造力"的财务报告，当时的《纽约先驱报》讽刺道：如果新公布的伊利铁路年报属实的话，那么阿拉斯加就会变成热带气候，可以种草莓了。

在和假账的长期博弈中，19世纪末华尔街出现了"独立审核""普遍接受的会计准则"这些现代理念，1896年，纽约州通过相关法规，逐渐形成了"注册会计师"这个新兴职业。因为这些制度，股票市场才真正繁荣起来。

因此，市场透明、财务透明、制度透明才是今天我们敢把钱投到股市的基础。

■ 加息：美国硅谷银行为何倒闭

美国的硅谷银行在2023年一夜之间破产，这是自2008年金融危机以来，最严重的一次银行倒闭案。

硅谷银行成立于1983年，2023年刚好是其创办40周年。它支持了超过3万家创业公司走上成功之路，其中包括一些科技行业的知名公司，它的总资产也从1983年的1800万美元增长到2023年的2090亿美元。然而2023年3月10日，硅谷银行股价暴跌60%，3月11日，硅谷银行宣布破产。从危机发生到宣布破产，不超过 48 小时。

美国政府为了抗击新冠疫情和刺激经济，开足马力印钱，不断向市场注水，大量美元热钱涌入，使得市场上的借贷成本极低。那些科技企业和新创公司个个不差钱，作为企业和风险投资者中间纽带的硅谷银行也吸纳了大量存款。

就这样，硅谷银行的账上有了很多钱，为了赚息差，银行买入大量的 10 年期固定收益理财产品，年化收益率为 1.6% 左右。这些固定理财资金投向了看起来非常稳妥的美国国债和企业债。

2022 年美联储频繁大幅加息，2023 年美联储的市场利率更是达到 5.2%，这意味着硅谷银行要倒贴 3.6% 的利息给储户，这种倒挂导致硅谷银行之前的投资出现巨大亏损。为了减少亏损、应对流动性问题，硅谷银行不得不亏本卖掉部分银行持有的长期国债。甩卖国债的消息一放出，迅速造成了市场的连锁反应，仅仅 2 天，硅谷银行就遭遇客户的集中赎回和挤兑，最终破产。

当新冠疫情到来时，美联储采取量化宽松政策挽救经济，这就导致通胀的产生。一旦通胀来了，美联储又加息缩表打通胀。也就是说，一旦有问题，美联储只会拼命去拧那个放水和关水的水龙头。政客们需要在短时间内就看到效果，以平息民怨，美联储只能配合大开大合，下猛药以期短期内见效。由于缺乏长期稳定的金融政策，市场忽冷忽热，大起大落，这才是硅谷银行破产的真正原因。

第十三章

危　机

■ 泡沫：牛顿为何在股灾中大亏

我们常常听到"泡沫"这个词语，如房地产泡沫、泡沫经济等。泡沫经济是指虚拟资本过度增长与相关交易持续膨胀，日益脱离实物资本的增长和实业部门的成长。经济如同被吹大的肥皂泡，最终破裂。

经济学上的"泡沫"这个词语最早来自"南海泡沫（South Sea Bubble）"事件。

18世纪，英国成立了一家"南海公司"，这是一家很有"想象力"的公司，它获得了南海贸易垄断权。英国政府永久性赋予该公司酒、醋、烟草、鲸鳍等商品的免税权。

当时，人们认为南海有无尽的宝藏。因此，该公司的股票一发行，每个人都想参与进来，唯恐没有搭上这趟发财的快车。

南海公司股价很快被炒到了每股400英镑。短短一个月后，股价涨到每股500英镑。这时，近三分之二的公职人员都购买了南海公司的股票。几天后，股价涨到了每股800英镑。

南海公司似乎提供了一条从王公贵族到市井小民都能在同一起跑线上的"共同快速致富"之路。当时，从国王到女仆，大家都买了南海公司的股票，交易盛况空前，最后南海公司股票被炒到每股1000英镑的高价。

泡沫总是要破灭的。1720 年 6 月，英国国会通过《泡沫法案》，市场上的炒股热潮随之减退，这一举动也戳破了南海公司股票的泡沫，南海公司股价急剧下挫。9 月的第一周，南海公司股价始终在 700 英镑上下徘徊，距离高位 1000 英镑已经跌了约 30%。9 月 29 日，南海公司崩溃了，股价灾难性地跌破了 120 英镑，无数人倾家荡产。

牛顿也是南海泡沫事件的受害者之一，他在第一次进场买入南海公司的股票时曾小赚 5000 英镑，但第二次买进时已是股价高峰，结果大亏了 2 万英镑离场。他说："我能计算出天体的运行轨迹，却难以预料到人们如此疯狂。"

▓ 次贷危机：房贷如何变成一场全球性灾难

2007 年，美国发生次贷危机并引发全球金融海啸，有一百多年历史的投资银行雷曼兄弟宣布破产。

次级贷是指一些贷款机构向信用程度较差和收入不高的借款人提供的贷款。2001 年经济衰退发生后，美国住房市场在超低利率刺激下高度繁荣。像房利美和房地美这样的大型房地产金融公司，采取激进的机制，业务员只要放贷出去就是业绩，就可以拿到奖金。就这样，那些没有偿还贷款能力的家庭也成了公司追逐的客户。

怎样才能让那些没有能力还款的人也加入这个游戏呢？住宅抵押贷款公司的贷款利率几乎都是浮动的，前面几年的利率被定得很低，让人忽略了数年后的问题，毕竟眼下就可以住进新房了。

次级贷市场迅速发展。随着美国住房市场大幅降温，加上利率上升，很多次级贷市场的借款人无法按期偿还借款，一些放贷机构遭受严重损失甚至破产。

华尔街也知道这些贷款是"雷"，那些没有偿债能力的家庭到时候肯定还不上钱，他们的策略就是让别人接这个"雷"。具体的办法就是把风险复杂化来掩盖风险。风险不是被化解，而是被转嫁到了未来。这个过程有点复杂，华尔街使用了各种金融衍生产品，那些不良贷款像一堆扑克牌，金融家通过不断洗牌，把它们隐藏起来，层层包装后卖给别的公司。

无论是放贷的银行，还是销售这些不良资产的金融机构，都只看到了眼前的利益，风险不断累积，最终危机爆发，形成了次贷危机。

这段历史后来被拍成电影《大空头》，在电影中，有这样一个情节形象地表现了次贷危机：男主人公用积木搭了一座塔，这座积木塔代表了经济繁荣的错觉，然后他一下子把底层的积木抽走，整个积木塔"哗啦"一下子倒塌了。

■ 破产：狄更斯在童年遭遇了什么

英国曾经有项调查，监狱里哪个作家的著作被借阅最多？统计发现，最受欢迎的是作家狄更斯。因为狄更斯笔下对于底层老百姓的生活描写得太真实了，而蹲监狱的犯人大多是底层出身的。

狄更斯为什么这么熟悉英国底层劳动人民的生活？

英国从 13 世纪开始，就规定债务人欠债不还的话就会被送进监狱。狄更斯的父亲是一名国家公职人员，这让狄更斯的幼年生活曾过得充实而富足。不过，父亲耽于享乐，不但将积蓄挥霍一空，还欠了一笔外债。狄更斯 12 岁时，他的父亲就因为欠债被关进了债务人监狱，狄更斯流落街头，后来不得不去鞋油作坊当童工，这段经历也影响了狄更斯的一生。

《雾都孤儿》在很大程度上是狄更斯的自传，那段在伦敦街头挣扎的岁月，让狄更斯感受到的是屈辱和创伤。狄更斯在另一部小说《小杜丽》中，对 19 世纪中叶的债务人监狱（马夏尔西监狱）更是有细致的描写。狄更斯一直猛烈抨击英国的"新济贫法"和"债务人监狱"制度。

狄更斯的父亲因资不抵债被送到了债务人监狱，而今天，资不抵债或无法偿还债务意味着破产。

破产是指债务人因不能偿债或者资不抵债时，由债权人或债务人诉请法院宣告破产并依破产程序偿还债务的一种法律制度。如果放到今天，狄更斯的父亲面临的是法院对其财产进行清算和分配或者进行债务调整和豁免，而不是坐牢。

除了个人破产，常见的还有公司破产。现在普遍采用的是有限责任公司，有限责任即有限清偿责任，投资人仅以自己投入企业的资本对企业债务承担清偿责任，资不抵债的，其多余部分自然免除。

■ 国家破产：斯里兰卡为何会破产

2022 年 5 月，斯里兰卡出现 1948 年独立以来首次主权债务违约。斯里兰卡因为无法偿付 7800 万美元到期债务利息，引发主权债务危机。同年 7 月，斯里兰卡政府宣布"国家已破产"，并称这场经济危机或持续至 2023 年底。

很多人会好奇，什么是国家破产？

国家破产是指一个国家的对外资产少于对外负债，即资不抵债的状况。这个概念是 2002 年国际货币基金组织（IMF）提出来的。

国家破产和我们常见的企业或个人破产不同。国家掌握着课税权、发行钞票的权力、举债权，这就使国家不可能实际破产。

国家破产体现的是一国经济的危急状况，表现为一国的信用出现危机。由于全球经济低迷，一些国家的债务问题日益严重，不能按时偿还债务的国家增多。当国家不能按时偿还到期债务时，就处于破产状态。

据媒体报道，当时斯里兰卡政府的外汇储备仅剩 5000 万美元，而外债规模却超过 500 亿美元，即外债规模处于高位，外汇储备处于低位，再加上美联储加息间接推高了斯里兰卡的偿债成本，资不抵债，因此政府才宣布国家破产。

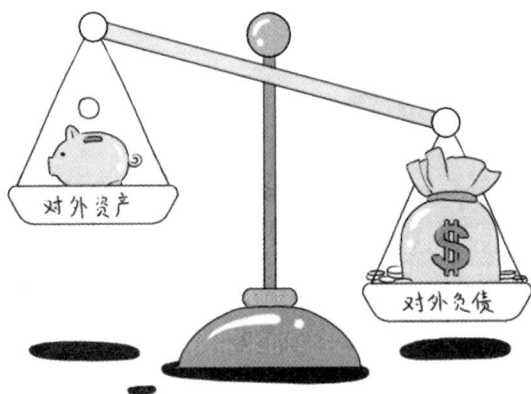

一个国家有财政收入、出口收入，怎么会入不敷出？在 2009 年内战结束后，斯里兰卡政府一直采取借外债搞基建的经济政策。大型港口和铁路等项目让斯里兰卡累积了数百亿美元的债务，开销很大，收入很少。同时，斯里兰卡在国际贸易中"买的多，卖的少"，斯里兰卡外汇储备不断减少，这些导致斯里兰卡政府无力偿还到期外债，只好宣布破产。

马尔萨斯陷阱：人为什么要替驴子干活

作家王小波讲过一个故事："1973 年，我到山东老家去插队。有关这个小山村，从小我姥姥已经给我讲过很多，她说这是一个四十多户人家的小山村，全村有一百多条驴……但是我到村里时，发现情况有很大的变化，村里不是四十户人，而是一百多户人，驴子一条都不见了。村里人告诉我说，我姥姥讲的是二十年前的老皇历。这么多年以来，人一直在不停地生出来，至于驴子，在学大寨之前还有几条，后来就没有了。没有驴子以后，人就担负起往地里运输的任务……"

王小波觉得，用人替代驴子劳动实在是件愚蠢的事情："用人来取代驴子往地里送粪，其实很不上算……人必须要吃粮食，而驴子可以吃草；草和粮食的价值大不相同。"他的结论是："我认为中国文化对于物质生活的困苦，提倡了一种消极忍耐的态度。"

英国经济学家马尔萨斯在 1798 年出版的《人口原理》中提出一个问题，土地无法像人口一样快速增长。人口以 1、2、4、8、16、32……的速度增长时，耕地仅以 1、2、3、4、5、6……的速度增长……多增加的人口总是要以某种方式被消灭，人口不能超出相应的农业发展水平。这个理论被人称为"马尔萨斯陷阱"。

王小波遇到的情况其实就是"马尔萨斯陷阱"，小山村人口增长了一倍多，而土地资源却没有增多，因此农民的生活水平越来越低，还发生了人和牲畜争口粮的事，结果驴全被杀了，人只能去替代驴子干活。

人类并不是无法跳出"马尔萨斯陷阱"，这个规律在工业革命后被打破，科技的发展改变了一切，化肥、科学育种等手段，使得粮食的产量越来越高。

如果不发展科技、提高生产率，那么人类就无法跳出"马尔萨斯陷阱"。

▨ 庞氏骗局：庞兹是如何"空手套白狼"的

查尔斯·庞兹是个意大利人，1903年移居美国，当过油漆工，从事进出口贸易等多种工作。在做进出口贸易的时候，庞兹接触到回信券。这是一种邮政票据，寄信人为了免去回信人的经济负担，随信附赠一张回信券，用这张回信券即可去当地邮局兑换一张邮票。从理论上来说，用美元购买欧洲的回信券，再拿回美国兑换成邮票销售，应该是一个稳赚不赔的买卖。实际上，由于邮票本身价格低廉，这根本赚不了什么钱。

庞兹借钱开了一家公司，他四处吹嘘："只需45天，即可获得50%的收益，3个月就能让投资翻番。"少数相信他的人居然如期获得了丰厚的回报。很多人慕名而来，庞兹的生意越做越大。

后来庞兹获得了300万美元的投资，一跃成为"商业大鳄"。看起来一帆风顺的生意，实际上不堪一击。不久，他还钱开始出现问题，政府介入调查。面对危局，庞兹开始了他的新骗局：试图说服股东购买一艘价值1000万美元的商船，把之前吸收的投资全部投入这项新的事业中，投资人的利润将转化为股份，以达到为自己洗钱的目的。

股东们也不傻，毫不犹豫地否决了这个提议，这下庞兹黔驴技穷了。

此时，人们如梦方醒，他们发现按照庞兹吸收的投资额计算，需要购入 1600 万张回信券，而实际上市面上流通的回信券一共只有 2.7 万张。

庞兹投资的本质就是用新吸收的投资偿还到期投资的利息，这根本就是个巨大骗局。他那借新债还旧债、"空手套白狼"的一套被称为"庞氏骗局"。虽然庞兹最后锒铛入狱，但他的"徒子徒孙"却层出不穷。所以，当我们遇到不切实际的高息理财产品时一定要仔细想一想，你想要别人的高息，别人想要的可是你的本金。

■ 贸易战：为什么增加关税让美国穷人更穷

这几年我们经常可以从网络或报纸上看到"贸易战"这个词。"贸易战"又称"商战"，指的是一些国家通过高筑关税壁垒和非关税壁垒，限制别国商品进入本国市场，同时又通过倾销和外汇贬值等措施争夺国外市场，由此引起的一系列报复和反报复措施。

2024 年，特朗普再次当选美国总统后，宣称要提高对中国的关税。早在 2017 年特朗普上台后，便开始对中国出口的商品不断增加关税，然而这一举动，最后伤害的是美国的底层民众。

经济学家研究发现，美国对进口商品征收关税所造成的负担，主要落在低收入消费者身上。美国对纺织品、服装和鞋子等商品征收的关税非常高。这类商品在低收入家庭的总消费中所占的比例要高于那些高收入家庭。例如，低收入家庭每年买鞋的费用占到其总收入的 1.3%，相比之下高收入家庭每年在鞋子上的花费只占其总收入的 0.5%。

进一步来说，被课以高关税的通常是那些便宜的商品，也就是那些主要由低收入者购买的商品。例如，廉价的胶底帆布鞋的关税水平是 32%，而昂贵的跑鞋的关税水平只有 20%。

总体来说，为了保护国内的相关产业，美国对劳动密集型商品征收的关税水平是最高的，而这类商品的价格通常较低，这就是为什么征收更高的进口关税最终给穷人带来了更大的负担。

得克萨斯州一家销售行李箱的商铺店主表示，在特朗普政府加征关税后，原来进货价为 100 美元的行李箱现在达到 160 美元。她别无选择，只能相应提高零售价格，把这种价格上涨转嫁给消费者。

因此，从一国福利增长的角度来看，征收过高关税的后果只能是国家整体福利水平下降。美国一些媒体认为，加征关税政策之举是"洗劫美国人的钱包"。

低碳经济：美国为何"二次退群"

美国总统特朗普在 2025 年 1 月 20 日签署行政令，宣布美国将退出应对气候变化的《巴黎协定》。

《巴黎协定》是 2015 年 12 月在第 21 届联合国气候变化大会上达成的一份气候协议，它是《联合国气候变化框架公约》下，继《京都议定书》后第二份有法律约束力的气候协议。目前，全球共有近 200 个缔约方加入《巴黎协定》。

《巴黎协定》的目的是减少全球温室气体排放，阻止地球环境恶化。工业革命以来，人类碳排放不断增加，导致全球气候不断恶化。这个时候，人们提出了以减少温室气体排放为目标的"低碳经济"，通过发展清洁能源，包括风能、太阳能、核能、地热能和生物质能等替代煤、石油等化石能源，以减少二氧化碳排放。近年来，中国在清洁能源方面发展迅猛，2023 年，杭州亚运会就做到了"零碳"办赛。

在特朗普首个任期内（2020 年），美国就曾退出过一次《巴黎协定》。此举遭到美国国内和国际社会的广泛批评，令美国的国际形象和信誉严重受损。2021 年，美国民主党上台执政，"退群"以闹剧收场，如今特朗普上演"二次退群"。

特朗普为何急着"退群"？美国政府为何在气候问题上反复摇摆？

特朗普声称，绿色气候基金耗费了美国大量财富，《巴黎协定》将美国的财富转移到了其他国家。事实上，特朗普政府执意将气候变化问题和制造业、就业等问题联系在一起，背后潜藏着特朗普政府稳固共和党选民基本盘，以及创造政绩的小算盘。特朗普退出《巴黎协定》并放宽化石能源开采，反映出共和党与石油、煤炭利益集团的紧密关联，例如现任美国能源部部长克里斯·赖特就是个石油大亨，而民主党则力推"绿色新政"，意图重塑美国的全球领导地位。因此，两党在应对气候问题上反复摇摆。

气候变化是全人类面临的共同挑战，没有一个国家能够置身事外、独善其身。全球携手应对气候变化问题迫在眉睫，因此，特朗普执意"二次退群"引发了广泛担忧。

第十四章

增　长

▓ 帕累托改进：林冲为什么要杀王伦

帕累托改进是意大利经济学家帕累托提出的。如果可以找到一种资源配置方法，在其他人的境况没有变坏的情况下，使一些人的境况变好，这就是帕累托改进。如果不存在任何进一步改进的可能，那就是帕累托最优。

我们可以通过《水浒传》中的故事来了解这个概念。

林冲被人陷害，最后杀了仇人投奔梁山。当时的梁山寨主是"白衣秀士"王伦，这个王伦嫉贤妒能，对武艺高强的林冲多方刁难，甚至要他献投名状。

尽管王伦心中不太愿意，但最后还是收留了林冲。东京八十万禁军教头林冲入伙，大大提振了梁山的声威。很显然，林冲的加盟对梁山来说是一种"帕累托改进"，林冲有了落草之处，他的处境变好了，而其他人不但没有损失，还可得益于山寨整体实力的增强。

后来，晁盖等人因为劫了"生辰纲"而逃往梁山，这些人个个身手不凡，更难得的是其中还有吴用这样的智囊型人才，这将使梁山山寨如虎添翼。用林冲的话说就是"今日山寨天幸，得众多豪杰到此相扶相助，似锦上添花，如旱苗得雨"。

按照正常的逻辑，梁山将再一次迎来"帕累托改进"，山寨力量将大大壮大，生存能力也会增强，但王伦是个小心眼，担心晁盖一伙反客为主，于是下了逐客令道："感蒙众豪杰到此聚义，只恨敝山小寨，是一洼之水，如何安得许多真龙？"

对这样的结果，林冲实在看不下去，他擒住王伦说道："这梁山泊便是你的？你这嫉贤妒能的贼，不杀了要你何用！你也无大量大才，也做不得山寨之主！"

说罢，林冲一刀要了王伦的性命。

随着晁盖的加盟以及之后更多英雄好汉的加入，梁山因为"帕累托改进"变得兵强马壮，声名远扬。

■ 效用最大化：经济学家如何找到真凶

哈佛大学某学院的院长丹顿·克莱格写了一本名为《美拉尼西亚人的风俗习惯》的书，该书是他学术生涯的巅峰之作。书中讲到圣塔克鲁兹岛上的货币制度：人们用鸟的羽毛做成腰带，腰带就是这个岛上的货币。

克莱格还列举出岛上商品的价格：最贵重的是独木舟，价格从 780 条腰带到 1100 条腰带不等，一篮子山药的价格在 4 条和 5 条腰带之间。

不幸的是，这本书落在了哈佛大学商学院一个年轻的经济学教授手里，这个经济学天才一眼看出了其中的问题：著作所引用的数据都是作者凭空捏造的，并没有经过实地调查。年轻的经济学教授以此为要挟，要求克莱格帮助他通过终身教授资格评定。抓狂的院长一不做二不休，设计了一桩谋杀案除掉了这个会让自己身败名裂的隐患。院长的作案动机最后被另一个经济学家发现，案件终于真相大白。

以上讲述的并非真实发生的事情，而是经济学家写的推理小说《致命的均衡》中的故事。那么，小说中两位经济学家是如何识破院长的呢？

答案就是经济学的"效用最大化"原理。

效用是指消费者的满意程度。效用最大化是指在消费者可支配资源（如金钱、时间等）的约束条件下，使个人的需要和愿望得到最大程度的满足。

按院长所说，一篮子山药的价格从 4 条到 5 条羽毛腰带不等，价格差异是 25%，而独木舟的价格是 780 条到 1100 条羽毛腰带，价格差异是 41%。根据效用最大化原理，当我们购买大件商品如汽车时，会货比三家，直到找到最便宜的，这样的结果就是大件商品价格会比较接近，而买普通商品如一把青菜时，则不会去不停地比较价格，因此普通商品价格的差异也较大。

圣塔克鲁兹岛上的村民同样遵循效用最大化原理，因此独木舟的价格差异率不可能超过山药。由此可以推断，院长的数据纯属瞎编。

■ 路径依赖：标准键盘是怎么来的

1868 年，美国排字工肖尔斯获得了打字机模型专利。起初，肖尔斯是把键盘字母键按照字母表的顺序 ABCDEF……来安装的。后来，肖尔斯将它改成了今天键盘 QWERTY……的布局。

在英文词汇中有 70% 是由 D、H、I、A、T、E、N、S、O、R 这 10 个字母组成的，如果制作一个效率最高的键盘，就要把这 10 个字母放在手指最易触及的位置上，而你观察键盘上字母的排列，会发现情况并非如此，比如 A、S、O 等常用字母并不是由食指和中指控制的；大多数英文打字员惯用右手，用该键盘左手却负担了 57% 的工作……总之，这种键盘排列糟糕透顶。

下面就是 QWERTY 标准键盘的秘密：它的排列原则不是加快打字速度，而是为了降低速度。原来，在早期的打字机设计中，键盘和铅字连动杆之间会有机械装置，其运转速度甚至比一个中等熟练程度的打字员的打字速度还要慢。铅字连动杆经常会纠缠在打字机的滑架上，速度一快打字过程就会中断。

按理说，这种效率不高的 QWERTY 键盘被淘汰是迟早的事情。但是一件偶然的事情改变了人类键盘的历史。1888 年，在美国辛辛那提举行了一场打字比赛。比赛中，速记员麦古瑞使用了 QWERTY 布局打字机，她采用了盲打方法，最后以绝对优势获得冠军。

这一事件使人们认为 QWERTY 布局的键盘更先进。QWERTY 键盘一旦成为主流，练习教材就会按照这个标准出版，打字员就会按照这个标准培训，于是规模经济形成，人类永远和这种低效率的 QWERTY 键盘捆绑在一起了。

这就是故事的核心——路径依赖，即经济现象会受到历史轨迹的影响，一旦选择了第一步，以后的道路就不可逆转，因为再次做出改变的成本太大了。

▦ 创造性破坏：砸掉机器我们的生活会更好吗

1733 年，英国人约翰·凯伊发明了一种了不起的织布设备——飞梭。有了飞梭，纺织工人可以轻而易举地通过绳子来回拉动梭子。飞梭使纺织工人的生产效率大大提高，但它给家庭式纺织业带来了极大的挑战。于是，一群愤怒的工人闯进了约翰·凯伊的家中，砸坏了他发明的织布机。

1764 年，英国兰开夏郡有个名叫哈格里夫斯的纺织工发明了珍妮纺纱机。同样的事情再次发生，当地的纺纱工人听说珍妮纺纱机可以一次纺出好多根线以后，就冲到了他的家中，砸坏了他的新发明。

大约在同一时期，一个名叫阿克莱特的英国发明家想到用水力来驱动纺织机，水力纺纱机就这样诞生了。之后，阿克莱特又把纺纱机连上了瓦特发明的蒸汽机，纺织机器也由此进入蒸汽时代。

然而，阿克莱特的纺纱机同样危及家庭式纺织工业的存亡。1779 年，一名叫奈特·路德的人带领一群工人闯进了阿克莱特的工厂，砸坏了他纺纱机。这些工人认为这些机器威胁到了他们的工作。

这些被称为"路德派"的人既不是第一批，也不是最后一批感到自动化机器会带来威胁的人。在今天，电脑的普及让打字员失业，自动驾驶的出现可能让司机失业。失业是痛苦的，但就整个人类社会而言，技术进步带来的是更多的财富和就业机会。

奥地利经济学家熊彼特把这种机器和技术革命带来的破坏力称为"创造性破坏"，他说，这种改变社会面貌的经济创新是长期和痛苦的，它将摧毁旧的产业，为新的产业腾出崛起的空间。机械化和科技的进步会使工人失业，这对于个体而言是悲剧，但作为更广泛的经济转型的一部分，在整体上大大增加了国家的财富。

■ 比较优势：李逵和张顺谁的武功更高

在《水浒传》第三十八回中，宋江、戴宗和李逵三人在浔阳江边饮酒。宋江爱吃鱼，可惜店家上的是隔夜鱼，戴宗前去询问，酒保回答说："这鱼端的是昨夜的。今日的活鱼，还在船内，等渔牙主人不来，未曾敢卖动，因此未有好鲜鱼。"

这里的"渔牙"相当于"渔霸"，垄断当地渔业。李逵听后火暴脾气顿时发作，他跳起来去江边找鱼。李逵走到船边，对渔夫喝道："你们船上活鱼，把两尾来与我。"渔夫回答说："我们等不见渔牙主人来，不敢开舱。"李逵哪里管这些，跳到船上，自己动手去抓鱼。

很快，李逵就和"渔牙主人"张顺起了冲突，书中写道："（张顺）怎敌得李逵水牛般气力……被李逵直把头按将下去，提起铁锤般大小拳头，去那人脊梁上擂鼓也似打，那人怎生挣扎。"

这一回合的较量，"黑旋风"李逵完胜。

可事情并未结束。不服气的张顺把李逵引到江中继续打斗，

"李逵被那人在水里揪扯，浸得眼白，又提起来，又纳下去，老大吃亏"。

在水中，张顺完胜，"浪里白条"的名号可不是白叫的。

那么李逵和张顺，到底谁武功更厉害，这就是一个"比较优势"的问题。

"比较优势"是指生产一种产品时机会成本较少的生产者，在生产这种产品中有相对优势。在经济学上，比较优势主要是用来衡量两个生产者的机会成本。

一个裁缝用做一件衣服的时间去打一件铁器，效率肯定不如铁匠，所以裁缝在做衣服这件事上有比较优势，同理，铁匠在打铁这件事情上有比较优势。

比较优势使每个人都从事相对有优势的行业，与他人进行交易比自给自足更好。国家之间也是这样，有的国家擅长生产纺织品，有的国家擅长生产电子产品，它们通过贸易就能彼此受益。同样，李逵在陆上有优势，张顺在水里有优势，两人合作，战斗力会更强。

■ 拉弗曲线：经济学家在餐巾上画了什么

经济学家阿瑟·拉弗早年默默无闻，让他载入经济史的，是他提出的"拉弗曲线"。

1974 年，拉弗在华盛顿与白宫的两位高官和《华尔街日报》副总编裘德·万尼斯基共进晚餐。为了向他们解释只有通过减税才能让美国摆脱"滞胀"的困境，拉弗随手把餐巾铺在桌上，用笔画了一条抛物线，这就是"拉弗曲线"，也被戏称为"餐桌曲线"。

当时的美国凯恩斯主义盛行，政府对经济的干预程度不断加大，政府的财政支出不断提高，所需要的财政收入相应也就更多，因此政府倾向于提高税率。可是，高税率在一定程度上会限制人们创新的热情，由此影响经济的增长。

拉弗曲线用直观的方式，描绘了政府的税收收入与税率之间的关系，当税率在一定的限度以内时，提高税率能增加政府收入，但超过这一限度时，再提高税率反而会导致税收减少。

里根在执政期间，接受了拉弗提出的减税主张，美国国内掀起了一股减税的热潮。各种税收被全面削减，企业投资增加，社会对劳动力的需求进一步增加，失业率由此下降。

多年以后，当年共进晚餐的万尼斯基去世，他的妻子在亡夫的遗物中找到了一块画有拉弗曲线的餐巾。这块餐巾后来被美国国家历史博物馆收藏，博物馆的网站上这样介绍这块餐巾："我非常幸运地看到一个令人称奇的故事，这是一个关于美国商业历史的故事，一个关于政治变革、经济革命和社会影响的故事，这可是货真价实的故事。"

■ 生产率悖论：DeepSeek 能迅速提升生产力吗

2025 年新年伊始，国产 AI 大模型 DeepSeek 横空出世。在股市上，人工智能的相关股票受到热烈追捧，那么人工智能是否会迅速提升生产力？诺贝尔奖得主保罗·克鲁格曼说，ChatGPT 以及随后出现的 AI 技术不太可能在未来 10 年内显著提振美国经济。

我们该如何看待这个观点呢？

20 世纪计算机技术发展如此之快，微芯片上的晶体管数量大约每两年翻一番（摩尔定律）。到了 20 世纪 80 年代，计算机开始在各行各业应用。然而，经济学家却困惑于一种奇怪的现象：计算机技术蓬勃发展，整个社会的生产力却几乎停滞不前。在美国，经济增长率甚至比大萧条时期还要低。

经济学家把这种现象称为"生产率悖论"，经济思想家罗伯特·索洛说："计算机随处可见，唯独在生产力数据中没有体现出来。"

1881 年，爱迪生开始建造发电站，一年之后，他将电力作为一种商品出售。直到 1900 年，美国工厂来自电动机的机械驱动力不足 5%，大多数工厂仍然处于蒸汽时代。企业家对电力工厂投入巨资之后，对节省的成本往往感到失望，其原因在于"电力替换蒸汽"并非想象中那么简单。当你使用了电动机，你需要改变的几乎是一切，重建你的厂房，改变你的生产流程，所有的工人需要重新培训，支付薪酬的方式也需要改变，一切都要推倒重来，企业家必须用一种完全不同的方式来思考问题。

20 世纪 20 年代，越来越多的企业家开始用新的思维来考虑问题，而整个社会也开始和电力系统接轨，美国制造业的生产率以前所未有的速度提升，这时距离爱迪生建造发电站已经过去了40 年。

同样，只有当互联网广泛运用后，所有计算机联网形成体系，互联网思维形成，所有的生产流程、消费流程和它融为一体，计算机的潜能才发挥出来。

因此，某项新技术并不能直接带来生产率的飞跃，真正带来飞跃的是整个体系和思维方式的转变。

第十五章
魔　咒

■ 赢家的诅咒：拍卖的时候都发生了什么

英国经济学家唐·汤普森曾仔细研究过苏富比的拍卖活动。他说，在拍卖中，每件拍品拍卖的时间通常都很短，只有几分钟或者几十秒。也就是说，仅在很短的时间之内，竞买者必须重新评估一件艺术品的艺术价值、投资潜力和其他竞买者的决心，从而决定当别人出了更高价时，自己是否应该继续出价。

拍卖师为了鼓励买家竞相出高价，常常会使用激将法，以其中一人来刺激另一人，同时鼓励每个人都不要退缩，"最后一次……确定吗……不后悔？"

所有竞买者在进场时通常都会想好自己出的最高价："超过这一价格就放弃。"然而，一旦拍卖开始，很少有人能够守住这一底线。竞买者会告诉自己："再出一次价就好。"结果头脑发昏，一次次提高出价。

当竞拍成功准备付款时，很多人会忽然清醒过来并感到后悔，他们自问："我出的价格没那么高吧？"这种情况很像有人买了房子，第二天早上醒来后心头一震："天啊，我得付多少年的房贷呀？"

为了避免发生这类争议，拍卖公司会对所有竞拍过程录像、录音，以求自我保护。拍卖公司常常会在买家表示不安前先行对其进行安抚。隔天一大早，拍卖专员会打电话来恭喜买主，买到这么有价值的拍品。他们会强调买主做的决定多么正确，钱人人都有，这件艺术品全世界可只有一件啊。

这种现象被称为"赢家的诅咒"，是指在拍卖和招标的过程中，那些"赢家"往往才是真正的输家。

这个概念最早是石油公司的三个工程师卡彭、克拉普和坎贝尔提出的。石油公司对特定的某块土地很感兴趣，就会参与它的开采权竞拍，但最后的胜出者往往会发现自己的出价远高于这块土地的实际价值。

■《体育画报》魔咒：优秀运动员为何变得糟糕了

美国的《体育画报》是全球权威的体育杂志，创刊于1954

年，每周被数千万读者阅读。有一个怪现象，哪个运动员上了《体育画报》封面，那么短期内这个运动员的表现就会很糟糕。

在俄克拉荷马队连续赢得 47 场大学橄榄球比赛之后，《体育画报》刊登了《俄克拉荷马队为何战无不胜》的封面故事。然而很不幸，俄克拉荷马队在下一场比赛中以 21∶28 输给了圣母大学队。经过这次溃败，人们开始注意到，出现在《体育画报》封面上的运动员似乎受到了诅咒。《体育画报》自己也注意到这个现象，2002 年，它刊登了关于"诅咒"的封面故事，并使用了黑猫的图片并配以文字说明——"没有人愿意登上的封面"。

类似于《体育画报》封面上的"魔咒"并非独此一家。比如，还有一个"约翰·麦登诅咒"，凡是出现在视频游戏杂志《麦登橄榄球》封面上的橄榄球选手，都无法取得像之前那样优秀的成绩。

为何登上《体育画报》封面会成为魔咒？这个现象背后的道

理就是"均值回归"。

"均值回归"是达尔文的表兄弗朗西斯·高尔顿发现并命名的，指所有事物的表现都会向着平均水平靠拢。比如，父亲是两米高的篮球运动员，儿子虽然也会比一般人高，但比起父亲来会更接近正常身高。

用"均值回归"很容易解释《体育画报》的封面魔咒：运动员登上《体育画报》的封面，是因为他们不同寻常的优异表现。他们随后的成绩，虽说还是比一般运动员好，但会不可避免地低于赢得荣誉时的巅峰成绩。

我们生活中同样受到"均值回归"的规律支配。当你某次考试特别出色时，接下来很有可能会不如上次，而你某次考得很糟糕的时候，接下来的考试成绩也会好于这次。因此，对于短暂的成功和失败我们要有正确的认知。

■ 专家魔咒：炒股票为何不能听专家的话

1999 年 3 月 16 日，美国道琼斯指数盘中首次突破 10000 点大关。当时正值网络股泡沫膨胀期，股民对股市充满了期待，受形势感染的专家便开始大胆预测。

美国经济学家格拉斯曼和哈塞特在这一年出版了一本畅销书——《道指 36000 点》，副标题为"在即将到来的股市上涨中获利的新战略"。他们两人并非等闲之辈，格拉斯曼担任过美国证监会投资顾问委员会委员，哈塞特担任过特朗普政府的白宫经济顾问委员会主席。两位专家一致认为，道指在短期内升至36000 点的高度完全没有问题。

然而，天有不测风云，道指在冲破万点大关后，随即由于网络泡沫的破灭而一路走低，一直等到 2003 年末道指才再次突破万点大关。2008 年的金融危机来临时，道指再度跌破 10000 点，最低时甚至跌到了 6800 点。

专家的判断并不是每次都正确，由于他们的权威身份，其造成的负面影响比普通人更大，这就是"专家魔咒"。

加利福尼亚大学的泰特罗克教授潜心研究各种专家的预测，比如对海湾战争、日本房地产泡沫、苏联解体等的预测。这项研究持续了 15 年，其结论是调查涉及的专家，无论职业、阅历还是研究领域，所做的各项预测准确率基本都和扔硬币差不多。未来充满了不确定性，很多时候，事情是向着和我们预测相反的方向发展的。

　　人们发现，只有在可预测的范围内，专家才能发挥其出众的能力，例如，工程师推测机器的故障所在，资深医生对病人病情发展的情况做出判断。

■ 资源诅咒：遍地钻石的塞拉利昂为何贫穷

　　在西班牙查理五世和菲利普二世统治期间，来自秘鲁的白银被源源不断地送到西班牙。传说秘鲁曾经的主人阿兹特克国王蒙特祖马曾立下誓言，无论是谁掠夺他们王国的领地和财富，谁就将受到诅咒。大量白银的流入居然引发了西班牙的经济衰退。从此以后，这种被称为"资源诅咒"的现象，开始折磨许多突发横财的国家。

　　"资源诅咒"作为一个经济学概念，最早由英国经济学家理查德·奥蒂于1993年提出，指的是资源丰富的国家和地区非但没能实现经济繁荣，反而出现了经济发展速度和水平长期低下、收入分配极不平均、人力资本投资严重不足、腐败和权力寻租盛行、内战频繁等一系列不利于经济持续增长的现象。

　　塞拉利昂的钻石储量惊人，然而不幸的是，这个国家陷入了无休止的战乱。20世纪90年代，塞拉利昂爆发了长达十年的内战，反政府武装为了争夺钻石资源不惜一切手段，他们强迫平民挖掘钻石，用贩卖钻石的钱购买军火，继续扩大战争规模，将这个国家拖入了人间地狱。

　　据统计，自20世纪90年代以后，安哥拉、塞拉利昂及刚果这三个国家在与钻石相关的冲突中，总共死亡 370 万人。

几内亚发现世界储量第一的铝土矿，但是这丝毫没有帮几内亚摆脱贫困的境地，财阀和军事组织为矿产资源展开的争斗持续了几十年。

那些突然发现石油的国家也同样遭受着"资源诅咒"。比如伊拉克、尼日利亚，尽管这些国家拥有了"意外之财"，但那些财富最终被独裁者或觊觎者所占有，这些国家的发展速度远低于从事贸易和科技发达的国家。

■ 知识的魔咒：别人为何听不懂很简单的话

斯坦福大学的伊丽莎白·牛顿进行了一项实验，她把参与者分为两种角色，分别是"敲击者"和"听众"。敲击者拿到一张单子，列有 25 首名曲，例如《祝你生日快乐》。每位敲击者挑选其中一首，通过敲桌子把节奏敲给听众，听众的任务是根据敲击的节奏猜出曲名。

在伊丽莎白的实验过程中，敲击者反复敲了 120 首曲子的节奏，听众只猜出了 3 首，也就是总数的 2.5%。

这项实验有趣的地方在于，在听众猜曲名前，伊丽莎白让敲击者预测听众猜对的概率。他们认为有一半听众，也就是 50% 的听众能猜出曲名。事实上，敲击者传递的每 40 首曲子中只有 1 首曲子被猜出，这是什么原因呢？

当一个敲击者敲打节奏的时候，满脑子都是这首曲子的节奏，可是听众所听到的，压根就不是这么回事，他们所能听到的只是一串分离和怪异的敲击声，就像是某种摩尔斯电码。

对于听众来说，要十分努力才能辨别出乐曲，敲击者对此却感到震惊：难道不是很容易就能听出来吗？

同样，当一个人拥有某种知识时，就很难想象缺乏这种知识会是什么情形。当一个汽车专业人士和你聊汽车时，他也许认为诸如 ABS（防抱死制动系统）、ASR（防滑系统）这些词每个人都知道，而没想到听众压根不明白他在讲什么。

我们对一个领域了解得越多，越熟悉这个领域的专业术语和理论，就越难向不了解这个领域的人说明某项内容，这就叫作"知识的诅咒"。

为了从知识的诅咒中解放出来，我们应该把要传递的信息改变成对方能够听懂的形式，例如在电影《星际穿越》中，科学家就是用自己的拳头和铅笔来解释什么是宇宙的"虫洞"的。

▨ 比利山羊的诅咒：小熊队为何总是输球

1945 年，芝加哥小熊队打进了棒球世界大赛决赛，他们已经快 40 年没拿过冠军了。比赛那天成为当地球迷们的节日，在小熊队主场瑞格利球场附近，经营"比利山羊"酒馆的老比利·塞尼斯牵着宠物山羊，兴高采烈地花了 7.2 美元买了包厢票，进场看球。

比赛开始后，周围球迷因无法忍受山羊身上的骚味，便不断提出抗议。最后，小熊队的老板瑞格利下令把老比利和他的宠物山羊一起赶出球场。老比利站在球场门口难掩气愤之情，便指着小熊队主场立下诅咒："以后你们别想再打进世界大赛，也别想夺冠，直到我的山羊坐在球场看球。"这个诅咒被称为"比利山羊的诅咒"。

恐怖的是，老比利一语成谶，小熊队当年就输掉了世界大赛。接下来，小熊队成为美国职业棒球联盟中最长时间未能夺冠的球队（超过 100 年）。现在，人们也更加相信，是比利山羊的诅咒而不是对手击败了小熊队。

直到 2016 年，小熊队终于将比利山羊的诅咒打破，赢得了世界大赛冠军。小熊队长达 100 多年时间不能夺冠的噩运真的是老比利的山羊带来的吗？

从表面上看，被老比利诅咒的小熊队的运气非常差，但事实可能并非如此。

经济学家发现，我们总是把成功归因为自己的实力，而把失败归因为运气。在生活中，我们都乐意认领成功，而不愿承认失败。心爱的球队被下了咒，或者运气不好，这是个讨巧的说法，既然被人下了咒，失败就不可避免，唯一可做的就是等待运气改变，而事实刚好相反，小熊队拿不了冠军和诅咒没什么关系，就是自己实力不行。

▦ 理性预期的魔咒：经济学家的老婆有多厉害

所谓"预期"就是从事经济活动的主体（如个人、企业等）在决定其当前的行动以前，对未来的经济形势或经济变动所做的一种估计。比如，我们买股票，就是预期这只股票未来会涨。

"理性预期"是指人们合理利用包括政府政策在内的所有可能的信息来预测未来。人们根据已获得的所有信息，做出合理而明智的反应，信息越丰富，预测越准确。预期的形成本身就是经济行为的一个组成部分。

关于"理性预期"有一个有趣的故事。

美国经济学家罗伯特·卢卡斯是理性预期学派的创始人。卢卡斯的婚姻生活并不美满，他和老婆科恩感情不和，两人决定离婚。哪知他老婆早就深受理性预期学派的耳濡目染，她理性地预测到，已经名声在外的丈夫很有可能获得诺贝尔经济学奖。1989年在正式办理离婚手续时，她提出如果卢卡斯在 1995 年 10 月 31 日前获得诺贝尔经济学奖，她就要得到其中一半的奖金，否则休想让自己签字。

卢卡斯是一个预期大师，他对自己获奖的可能性也进行了全面的分析，他很清楚自己的成就，拥有相同资格的同行不在少数。还有一点很关键，他认为经济学奖相比其他领域的奖项更倾向于颁给年纪较大的人，毕竟经济理论要经过时间的检验，因此自己在 1995 年获奖的可能性几乎没有。

这位理性预期大师经过综合分析之后，爽快地签了离婚协议。就这样相安无事地过了五年多。在 1995 年 10 月 21 日，距离婚协议上的期限只差 10 天了，卢卡斯获得了诺贝尔经济学奖。他不得不乖乖按离婚协议的约定，将 720 万克朗（当时约为 100 万美元）的奖金分给前妻一半。

这时卢卡斯才明白，自己前妻原来才是理性预期学大师中的大师。